KB253308

빵점짜리 인생이
행복만점짜리 인생이 되기까지 비밀!

눈물의 고백

눈물의 고백

초판 1쇄 – 2012년 6월 11일

지은이 : 이명희
펴낸이 : 채주희
펴낸곳 : 엘맨

서울시 마포구 신수동 448-6
출판등록 : 제10-1562호(1985.10.29)

전화 : 02-323-4060, 322-4477
팩스 : 02-323-6416
e-mail : elman1985@hanmail.net

잘못된 책은 바꾸어 드립니다.
무단 복제를 금합니다.

값 12,000원

빵점짜리 인생이
행복만점짜리 인생이 되기까지 비밀!

눈물의 고백

이명희 지음

엘맨

들어가는 글

나는 어려서부터 가난과 알콜 중독자인 아버지의 폭력에 시달리
며 살았었다. 나는 다섯 남편을 둔 사마리아 여인과 같은 여인이
었다.

나는 두 딸을 버린 죄 많은 여인이었다.

그리고 어려울 때마다 몇 번씩이나 주님을 팔아버린 가롯유다 보
다 못한 배신자였다.

그리고 병들고 많은 사람에게 상처받고 버림받은 여인이었다.

나는 세상과 짝하고 살면서 술과 향락에 빠져 조폭생활을 하며 살
았던 여인이었다.

나는 육신이 더럽혀진 나의 과거 때문에 친형제들에게 까지도 버
림 받은 여인이었다.

나는 그렇게 화려하게 살아보지 못했었다.

천하고 무식하고 모진 인생을 살았었다.

내 인생은 마지막 궁지에 몰려 더 이상 갈 곳이 없어서 일본 땅에
건너와 산과 들에서 무서운 짐승과 부딪치며 죽순을 움켜잡고 처

절한 죽음 앞에서 하나님을 만나 나의 생명은 수술을 통해 건강을 찾았고, 일본 남편을 만나 전도하여 크리스찬이 되게 하였고, 나는 행복을 누리며 사랑방석에 앉아 50평생 동안 당한 아픔과 상처를 치유 받고 매일매일 행복을 누리며 살고 있다

그러나 나는 그 누구도 크게 원망하지도 않았다. 못 가르쳤다고 부모를 크게 원망도 하지 않았다.

내가 가장 사랑했던 나의 어머니는 주정뱅이 남편과 불효자인 나 때문에 가슴이 무너져 버린 불쌍한 분이시다.

교회에 다니시던 어머니는 한 평생을 무릎으로 가정과 방황하는 딸을 위해 눈물로 기도하며 사시는 분이시다.

그 어머니의 중보 기도가 없었다면, 오늘의 아게미는 존재하지 않았을 것이다.

바람이 있다면, 사이치상이 주님을 사랑하며 이웃을 잘 섬기는 목회자가 되기를 주님께 항상 기도 합니다

사랑하는 아내가 자기의 과거를 온 천하에 공개 하는데 좋아할 남편이 어디 있겠습니까.

그것을 이해하고 보듬어주는 너그러운 마음을 가진 멋진 남자!

그것은 바로 하나님이 나에게 주신 최고의 선물입니다.

그 남편이 얼마나 고맙고 감사한지 이렇게 착한 남편을 주신 하나님께 감사드립니다.

남편은 부끄럽다고 생각지 않고 오히려 하나님께 감사하며 기쁨

으로 살고 있다고 오히려 절 위로해 준답니다.

지금 과거의 나와 같이 어렵고 험난한 삶을 살고 있는 분들이 있다면 그분들께 지금은 끝이 아니고 조금만 더 나아가면, 반드시 소망과 승리가 기다리고 있다고 용기와 도전을 주고 싶습니다. 세상에서 실패 하더라도 예수 그리스도를 만나면 최고의 성공을 이룬 것입니다.

차마 삶이라고도 할 수 조차 없었던 서글픈 내 인생의 모퉁이에서 안개처럼 가려졌던 순간 순간들이 너무 아파서 눈물로 지새웠던 하루하루가 구원의 빛으로 오시는 예수 그리스도를 만나는 순간 한 방울 한 방울 굳어져 영롱한 진주가 되었습니다.
좌절과 절망의 끝자락에서 나 같은 죄인을 용서하시고 건져 올려 자녀 삼아 주시고 목회자까지 되게 해주신 하나님, 나의 아버지께 진심으로 감사와 찬송을 돌려드립니다. 하나님아버지 감사합니다.

추천서

"고난은 하나님의 심부름꾼이다.
어려움이 찾아왔을 때 우리는 그것을 하나님의
선물로서 하나님의 신임의 증거로 볼 수 있다." – 비쳐

이명희 선교사님은 오래전 장안동에 있는 장안평 세계선교회 천막성회 때 데니스굳넬 목사님 집회 때 처음 만났습니다. 그때 모습은 초라하기 그지없었습니다.
각종 병으로 고생하고 있었고 목에서 피고름 때문에 악취가 진동하며 연주창으로 고생을 많이 했습니다. 또한 남편에게 버림받은 사람을 예수님의 이름으로 매일매일 안수기도 해줬던 그 여종이 고침 받고 그 후로 고난이 그를 강하게 하였고 살아계신 하나님만을 바라보게 하였습니다.

돌이켜보면 하나님은 가망 없는 인생을 들어서 사용하여 주시는 분이심을 새삼 고백하게 됩니다.

선교사님은 세상에서 버림 받았고 병들어 포기된 인생이었지만 고난 중에 기도하였고 하나님은 치유케 하여 주시는 응답을 하여

주셨습니다.

부족한 종과의 오랜 고통 중에 고난 받은 여종을 사용하여 주시는 하나님을 서로 간증하게 되었습니다.

우상의 땅인 일본의 영혼을 위하여 지금도 살아 역사하시는 하나님을 힘차게 전하고 계시는 선교사님의 열정은 바로 고난 중에 만난 하나님의 은혜 속에서 나온 것입니다.

이 책에 그의 삶에 녹아 있는 하나님을 향한 고백을 쏟아 놓았습니다.

수십 년 간의 사역을 통해 얻어진 결과물이며 선교사님의 본인의 신앙고백이 되어진 "빵점짜리 인생이 행복만점짜리 인생이 되기까지 비밀"이라는 눈물의 고백을 통해 많은 성도들이 선교사님에게 역사하신 하나님을 동일하게 만나게 되었으면 합니다.

영혼을 울리는 글을 통해 같은 은혜를 경험하게 될 것입니다.
좋은 글을 추천하는 것만큼 보람된 기쁨은 없을 것입니다.
귀한 여종의 책을 여러 성도들에게 기쁨으로 추천합니다.

-주안중앙교회 당회장 박응순 목사-

추천서

 이명희 선교사님의 간증은 이 땅에서 찢기고 상처받고 절망 가운데 있는 영혼들에게 위로하시고 다시 일으켜 세우시는 우리 주 예수 그리스도의 사랑의 손길을 느끼게 하는 글이 될 것을 확신합니다.
 이 책의 전반부를 읽으면서 나는 한 없이 안타깝고, 슬프고, 분노가 치밀어 오르는 감정을 억누르기 힘들었습니다.
 아버지를 비롯한 가까운 주변 사람들로부터 그녀에게 가해진 날카롭고 잔인한 손길들은 어린 시절을 어둡게 하였고 청년 시절을 짓이겨 놓았습니다. 마치 하나님이 계시지 않은 것 같았고, 계신다 하더라도 그녀에게만은 외면하고 계시는 것처럼 보여집니다.
 그러나 그녀가 이 땅에서 살아갈 용기를 잃고 다른 나라로 가서 이방 남자의 아내가 되어 더 큰 절망에 빠져 죽음의 문턱에까지 갔을 때 예수 그리스도께서 친히 오사 만나주시고 죄를 깨닫게 해 주시고 회개 하게 하시고 용서하시고 새로운 사명을 주셨습니다.
 그리하여 그녀에게 인생의 반전이 일어났습니다.

그녀는 이제 일본인 남편과 함께 대한민국 사람들이 감정적으로 매우 멀게 느끼는 일본인들을 그리스도께로 인도하기 위하여 생명을 내놓고 헌신하고 있습니다.

 "복음에 목숨 건 인생"이 된 것입니다.

 이 간증의 글에서 여러분은 요한복음 4장에서 예수님께서 만나주신 수가성 우물가의 여인의 구체적인 과거를 짐작하는 데 도움이 되는 내용을 보시게 될 것이고 또 그녀가 어떻게 변화 되었는지 실제적인 모습을 직접 보는 것 같은 감동을 느끼게 되실 것을 확신합니다.

천귀철 목사

성광교회 담임

성경통독 요한 선교단 대표

오오바 아게미 목사 소개

저는 일본 그리스도교 여자 목사의 한 사람입니다.

2009년 일본 山形교회 목회를 하고 있는 딸(부부)집에서 거주하고 있을 때, 하나님의 인도하심을 힘입어 오오바 아게미 목사와 함께 교회의 봉사를 하게 되었습니다.

오오바 아게미 목사가 살고 있는 곳은 일본 땅에서도 형용할 수 없는 시골 농촌이랍니다.

그 곳은 교회가 없습니다.

오오바 아게미 목사는 이곳에 살고 있는 농가의 장남인 오오바사이찌 형제와 결혼하기 위해 한국에서 왔습니다.

그 당시는 복음을 전하기 위해 온 것이 아니고 좀 더 행복한 생활을 꿈꾸며 일본에 왔던 것이었습니다만, 농가의 일은 힘들고, 산에 가서 산나물을 뜯으며 어려운 가족의 생계를 돕고, 일본어도 이해하기 어려운 생활 속에서 무한한 수고를 해왔습니다.

그런 와중에, 전부터 알고 있던 주님의 이름이 나의 생명을 바꾸어 주신 것 같은 느낌에 열심히 기도하며 남편의 도움을 받아 차로 30분 거리에 있는 일본 교회에 다니게 되었습니다.

그러던 중 오오바사이찌 형제가 이 교회에 관심을 갖게 되었고 믿음을 가지고 주님의 이름으로 세례를 받고 크리스찬이 되었습니다.

오오바 선생님이 살고 있는 곳에 교회가 없었기에 가정 예배를 드리게 되었고 아게미 목사는 한국 장로교회에서 선교사 자격을 받고 전도를 시작했습니다.

저는 오오바 가정의 일본어 설교를 담당하게 되었습니다.

오오바씨의 친척들은 모두가 불교를 믿어왔기에 가정에서 예배드리는 것을 반대했습니다.

처음 친척들이 모여 아게미 목사를 집에서 내보내겠다고 했을 때, 남편 사이찌씨가

"아게미가 나가면 나도 나간다."라고 말하지 않았다면 아마도 지금의 사랑교회는 세워지지 않았을 것입니다.

하나님의 인도하심을 따라 그 후 사랑채 옆에 조립식으로 아담한 예배당을 세웠고 지금은 한국에서 목사님들과 찬양사역자님들이 왕래하고 있습니다.

이번 아게미 목사의 간증 책이 출판되어 진다는 소식을 듣고 2년간 함께 지내온 경험을 소개해 드렸습니다.

주님께 영광을 돌립니다.

日本キリスト教団越生教会牧師

西海満希子

추천서

이번에 오오바 아게미 목사님이 준비한 감동의 간증집을 출판하
게 된 것을 매우 기쁘게 생각합니다.

본서는 오오바 아게미 목사님의 지금까지 인생의 체험이요 신앙
고백이요 살아있는 증언입니다.

눈물 없이는 읽을 수가 없는 감동의 스토리입니다.

목사님은 여성으로써 한국에서 자란 어린 시절부터 가난과 고난
그리고 기독교 신앙에 대한 핍박 속에서 하나님이 특별하신 은혜
와 보호하심으로 지켜 주시고 인도하시고 그 후 영적 소돔 고모라
성 같은 일본 땅에 강권적으로 보내시고 다시 잠들었던 믿음을 회
복시켜주시고 기도하게 하시고 불교신자로서 핍박하는 남편을 예
수 믿게 하시고 하나님의 교회의 좋은 동역자로 변화시키시고 전
혀 교회가 없는 황무지에 주님의 교회를 세워 주의나라가 확장되
어 가도록 섭리하시는 하나님의 사랑과 은혜에 감사드립니다.

부디 본서를 읽는 많은 독자들이 21세기 내 인생에 절망은 없
다.라고 소리 높여 고백하는 목사님의 간증을 통하여 하나님의 구
원, 인도. 동행하심과 하나님의 깊은 섭리를 깨닫고. 믿음의 확신

과 절망에서 소망으로 하나님의 크신 능력을 체험케 하시는 귀한
기회가 되기를 간절히 원합니다.

2012.3월 일본국 도쿄에서
일본 동경평화교회 담임목사
일본 아가페 세계선교회 회장
이요셉 선교사

차 례

들어가는 글
추천의 글

1부

1부

어린 시절

어린 시절 이야기

　나는 1960년 강원도 삼척군 장성읍에서 모태 신앙으로 태어났
다. 이곳은 아침에 해가 뜨면 저녁이 채 되기도 전에 해가 져버리
는 그런 깊은 산골이었고 한적한 산촌에 개울가 한 모퉁이에 삿갓
논과 자갈과 와글와글한 비탈진 산자락에 바로 서있기 조차 힘든
그런 비탈에 여기저기 화전을 일구어 만든 밭이라고 하기조차 힘
든 그런 곳이었다. 우리가족은 어머니와 아버지 그리고 8남매 모
두 10식구가 함께 살았다. 8남매 중 5남매가 불치의 병으로 먼저
하나님 품으로 가고 오빠와 막내 여동생 나 3남매가 살게 되었다.
그 후에 강원도 삼척군 장성읍 마을에서 떠나 아버지 직장인 강원
도 춘천시 청평리로 이사를 가게 되었다. 아버지는 그 때 소양강
댐을 착공한다는 공사가 있어서 전기통신 공사일을 하기 위해 이
곳으로 온 것이다.

소양댐이 완공하기 전에 청평 마을에서 엄마는 막내 여동생 순영이를 낳고 나는 청평 초등학교에 전학하게 되었다. 그 때 나는 공부를 너무 못하여 시험만 보면 빵점만 맞았고 하얀 백지만 들고 오면 아버지한테 매를 실컷 맞고 종아리가 팅팅 부어서 절룩거리며 집을 나왔다. 그 당시는 모든 가정이 어려운 형편이었고, 우리 집 살림도 어렵다보니 방 한 칸에 온 식구가 같이 생활을 하며 잠을 자야했다. 또한 그 시절 대부분의 가정집들은 화장실이 밖에 있어서 멀다보니 요강을 방문 앞에다 놓고 잠을 잤다. 그런데 나는 잠버릇이 심하다보니 자다보면 요강을 엎어뜨려서 식구들의 이불을 적시고 가족들의 머리카락을 적시었다. 그러면 자던 식구들은 모두 잠자리에서 일어나 이불을 걷어내고 걸레로 닦아내었다. 그러면 아버지는 나에게 한 마디 하셨다.

"어디서 저런 것을 낳아 가지고 속만 썩이는구나!"

학교 갔다 오면 나는 피곤해서 그런지 바지에 오줌을 싸서 아버지한테 혼날까봐 부엌으로 들어가 아궁이에 불을 지피고 가랑이를 벌리고 앉아서 젖은 바지를 말리는 일이 비일비재였다.

농땡이 치고
빵점자리 시험지

　나는 공부에 전혀 취미가 없었고 학교에는 더더욱 가기 싫어서 엄마가 도시락을 싸주면 소양강 다목적 댐이라는 글씨가 써 있는 산으로 올라가 낮 잠 실컷 자고 도시락을 먹고 아이들이 학교수업이 끝날 때쯤 되어서 슬슬 산에서 내려와 집으로 돌아오곤 했다. 아무 것도 모르는 엄마와 아버지는 내가 학교에서 착실하게 공부하는 줄만 알고 시험 때만 되면 시험지를 내 놓으라고 하셨다.

　나는 지질이도 공부도 못했지만 공부엔 전혀 관심이 없었다. 여자인데도 남자 아이들과 싸움질만 하는, 지금 흔한 말로 문제아였다. 학교에서는 싸움대장이라고 친구들이 별명을 짓기도 했다. 하루는 학교에서 친구랑 운동장에서 싸움을 했다. 둘이서 씨름을 하고 있을 때 학교 아이들은 주변을 둘러서서 누가 이기나 박수를 치며 어느 쪽이든 승부가 나기를 바랬다. 학교 선생님까지도 모두 나와서 구경을 하시는 것이었다. 늘 학교에서 말썽만 피우는 나에게는 승부에 박수는 없었다. 그럴 때마다 선생님들께 미움을 받기도 했고 선생님한테 두 손 들고 벌서기가 일쑤였다. 공부하기보다는 강가에서 수영을 하면서 놀기를 좋아했었다. 그 당시에는 지금처럼 게임기와 컴퓨터가 없는 시절이라 할 것이라곤 친구들과 고무줄놀이와 공기놀이 그리고 개구리를 잡아서 즐겼으며 시험 때만 되면 학교는 가지 않고 산으로 향했다. 나는 그 때 집안이 부유하지 못해 검정 고무신을 신고 다녔다. 하지만 다른 친구들이 운동화를 신고 다니는 것이 몹시 부러워 나도 운동화를 신고 싶어서 일부러 엄마가 사다주신 새 고무신을 칼로 찢어놓고 운동화를 사달라고 떼를 쓰기도 했다. 그러나 우리 집은 운동화를 사서 신고 다닐 수 있는 정도의 여유가 있는 생활이 아니었다.

말썽만 피우는
미운 오리새끼

춘천으로 소양댐 공사를 하기위해 우리 집이 이사 오기 전 이미 청평 마을의 사람들은 각자 뿔뿔이 이사를 갔고 마을이 댐으로 인해 매몰되었다.

우리가족도 소양댐 사택으로 옮겼다. 그렇게 사택은 여러 가구가 모여 살게 되었다.

그리고 가끔 엿장수 아저씨가 동네에 가위질을 하면서 나타났다. 엿장수는 "집에 못 쓰는 고물이 있어? 있으면 가져와, 그러면 엿 줄께." 하면서 유혹했다. 그 당시 얼마나 엿이 먹고 싶었으면 친구들이 엿 먹는 것을 보면 무척이나 부러웠다. 집에는 마땅하게 엿과 바꿀 고물이 없었다. 나는 엿을 먹고 싶은 마음을 참지 못하고 결국 부모님 모르게 우리 집 부엌에서 사용하고 있는 양은 냄비랑 솥단지 밥그릇을 가지고 와서 엿하고 바꾸어 먹었다. 엄마가 밥하려고 부엌에 나오시더니 없어진 냄비와 솥단지 그릇이 보이지가 않자 나에게 묻는 것이었다.

　"명희야! 부엌에 냄비와 솥단지를 어디다 놨어!"라고 하시자 나는 아무 말도 못하고 가만히 있었다. 엄마는 나를 의심하시면서 한바탕 종아리를 걷어 올리게 하고 매질하였다. 엄마는 문제만 일으키는 딸을 보고 걱정을 하셨다. 한숨을 내 쉬면서 "저것도 자식이라고 장래에 커서 뭐가 되려고 저렇게 속을 썩이는건지……."라고 말씀하시는 것이었다. 엄마는 내가 엿장수에게 냄비를 팔아버려서 당장 부엌에서 사용해야 하는데 살 돈이 없었다. 냄비를 사기위해 나의 엉덩이까지 탐스럽게 길게 늘어진 머리카락을 잘라서 가발 장사꾼한테 팔았다. 그 돈으로 냄비와 솥단지를 구입하였다. 머리카락이 어느 정도가 자라면 가발 장사꾼을 불러서 생활비 하기위해 머리카락을 잘라서 생계를 꾸려나가기도 했었다. 자주 가발 장사꾼이 집에 찾아와서 머리카락을 팔라고 하였다. 머리카락이 길어지기만 하면 찾아오는 장사꾼이 보기 싫어 나는 도망 다니는 것이 일쑤였다.

　하루는 동네 친구들과 야구놀이를 했었다. 방망이로 공을 치다가 옆에 있던 남자친구 머리통을 잘못 쳐서 시뻘건 피가 줄줄 흐르고 있었다. 다친 남자친구 엄마가 와서 호통을 치며 치료비를 배상하라고 우리 부모님께 이야기를 하는 것이었다. 나는 늘 미움만 받는 짓을 하고 다니다 보니 오죽하면 부모님께서 말씀하시기를 저런 말썽쟁이 자식을 난적이 없다면서 나가라고 하시기도 했었다.

재래식
공동 화장실에서

　그 해 겨울바람이 어찌나 강하게 불어대는지 함석이 여기저기 날아다니며 시끄러워서 잠을 잘 수가 없었다. 그리고 모든 주민들은 마당 한구석에 하나밖에 없는 공동 화장실을 사용했다. 그 당시 화장실은 판자로 대충 막아서 사용하는 초라한 재래식 화장실이었다. 세차게 불어오는 추운 겨울바람이 여기저기서 틈새로 화장실 안으로 들어왔다.

　그 시절에는 화장실은 아침만 되면 사람들은 손에 신문지 휴지를 들고 줄을 서서 기다렸다. 어떤 사람들은 급한 나머지 두 다리를 꼬고 엉거주춤한 자세로 서있는 모습도 보였다. 그리고 밖에서 기다리는 사람마다 발을 동동 구르면서 빨리 나오지 않는다고 아우성을 치고 난리였다. 추운 겨울이었다. 재래식 화장실 안에도 너무 추워서 똥이 얼어붙어서 앉아서 볼일을 보면 똥이 63빌딩이 되어 반 정도 몸을 구부려서 일을 보기도 했다. 그 당시엔 정화조

회사도 없었다. 공동화장실을 사용하는 주민들이 협동하여 그것을 치워야했다. 그러나 겨울에는 얼어붙어 치울 수가 없었다. 그렇다보니 여러 가구가 함께 사용하다보니 변소가 넘쳐서 얼어붙은 것이다. 그럴 때마다 각자의 집에서 용변을 보러 나올 때는 망치를 들고 화장실에 들어가서 한대씩 내리치고 볼일을 보곤 했다.

어느 날이었다. 내 차례가 되었을 때는 오랫동안 화장실에 쭈그리고 앉아 볼일을 봐서 그런지 다리가 움직이지 않아 일어설 수가 없었다. 다리에 오금이 붙어서 일어설 수가 없었던 것이다. 밖에서는 많은 사람들이 안 나온다고 화를 내면서 시끄럽게 떠들썩하였다. 나는 화장실에서 한참 만에 엎드려서 기어 나왔다. 어떤 사람들은 참다못해 바지에다 볼일을 본 사람도 있었고 기다리는 사람들이 내가 화장실에서 오래있다 나오자 한 마디씩 하였다.

"화장실만 들어가면 나올 줄 모르니……." 하는 사람도 있었고 어떤 사람은 "명희야! 너는 화장실에 전세를 놓았냐?"하는 사람도 있었다. 그리고 "빨리 나오지 못해!"하면서 야단치는 사람도 있었다.

소양댐
홍수 나던 날

　그 다음 해 여름에 장마로 인하여 소양댐에 큰 홍수가 일어났고, 그 사태로 댐의 물이 넘쳐서 우리가 살고 있는 사택까지 물이 들어와 주변에 있는 모든 주민들이 산으로 피신하는 대피소동이 일어났다. 양구에서 소양댐으로 온갖 잡동사니가 떠내려 왔다. 얼마나 큰 홍수가 났던지 집도 떠 내려와 지붕에 돼지, 소, 개, 닭들이 살겠다고 아우성을 쳤으며, 나무에도 매달려 떠내려 왔다. 내평과 양구에서 떠내려 오는 온 갖 잡동사니 정말 대단했다. 그리고 각처에서 많은 사람들이 소양댐으로 몰려와 닭, 돼지, 소, 개, 온갖 짐승을 하나라도 더 건지기 위해 헤엄을 치고 강을 건너가기도 하였다. 또한 어떤 사람은 닭을 잡으러 건너가다 소양댐 거대한 소용돌이에 휩쓸려 목숨을 잃기도 했다. 그 당시 태어나서 처음으로 홍수의 엄청난 위력을 보았던 나는 무서워 견딜 수가 없었다.

미련한 인생들은 자기 욕심으로 인해 생명을 해치는 것을 모른다.

　일본 2011년 3월 11일 동북지방 쓰나미를 연상케 하는 모습으로 기억에 남는다.

막걸리 심부름에
술에 취한 소녀

소양댐이 완공되면서 아버지가 하시던 일도 다 마무리 되어서 우리가족은 또 다시 춘천시 사북면 광산으로 이사를 왔다.

이곳에서 아버지는 광부 일을 하게 되었고 집에 들어오시면 나에게 막걸리 받아오라고 주전자를 주면서 심부름을 시키셨다. 우리 집에서 10리 길이나 되는 먼 곳까지 그것도 험한 비포장 길을 걸어서 겨우 신포리 마을에 도착해서 막걸리 파는 가게 주인에게 "아버지가 외상으로 막걸리 한 되를 주시면 나중에 돈 갚으신대요."라고 말했더니 갑자기 주인아줌마 얼굴의 인상이 찌그러지고 입으로는 중얼중얼 거리시며 마지못해 항아리에서 막걸리를 퍼서 주셨다.

그리고 겨우 막걸리 한주전자 받아서 10리길이나 되는 우리 집을 향해 다시 걸어가는 동안 나는 갈증도 나고 목이타고 혼자 가는 길이 심심해서 아버지 막걸리를 홀짝홀짝 마시다 보니 한주전자 가득 있는 술을 다 마셔버린 것이었다. 처음으로 막걸리를 먹어본 내가 그렇게 많은 양의 술을 마셨으니 난 술에 취해 비틀비틀 걷다가 넘어지고 몇 번 반복한 끝에 밤늦게 서야 집에 도착할 수 있었다. 이제나 저제나 올려나 목이 빠지라고 기다리셨든 아버지는 내가 술에 취해 노래를 부르며 들어오는 모습을 보셨다. 평소에 늘 아버지가 즐겨 부르시던 유행가 노래가 있었다. (천둥 산 박달재는 울고 넘는 우리 님아 무랑 난 저고리가 굿은 비에 젖는 구려…) 기억하고 있는 노래를 부르며 빈주전자를 흔들며 들어오는 나를 보자마자 부엌바닥에서 몽둥이로 한바탕 때리셨다. 아버지는 혼자 중얼거리시면서 "어디서 저런 것이 나왔는지." 하시며 밖으로 나가셨다. 그리고 아버지는 거의 하루도 빠짐없이 동네 술집마다 엄마 이름을 팔고 외상을 하지 않을 때가 없었다. 아버지가 가는 곳마다 외상을 하기에 주막집주인은 어떤 날에는 술을 외상으로 주지 않을 때도 있었다. 곤란하면 딸을 시켜서 술심부름을 하는 것이 일이었다.

나는 어려서부터 아버지가 시키는 대로 하는 것을 최고로 알고 순종을 했었다. 한참 학교 가서 꿈을 키우며 공부해야 할 어린 나이였지만 아버지께 보고 배운 술심부름 하는 것이 가정교육이라고 생각한 것이었다. 아무리 내가 공부에 취미가 없다고 해도 공부하기를 싫어한 것은 아니었지만 가끔 친구들이 우리 집 앞마당에 모여서 학교 가는 것을 보면 부러울 때도 있었다. 학교가면 친구들을 만날 수가 있었기에 즐거울 것이라고 생각했다. 나는 우리 집 앞마당에 노란 개나리 꽃 울타리 사이에 지나가는 친구들의 모습을 몰래 훔쳐보기도 했었다. 왜 나를 학교에 보내주지 않는 것일까? 머리가 나빠서 시험만보면 빵점짜리 시험지뿐이니 집에서 나를 학교에 전학을 시켜주지 않는 것인가? 하고 생각도 해봤지만 그러나 도무지 학교에 전학을 시켜주지 않는 것이 이해가 되지 않았다.

성폭행 당한
12살 소녀

어느 날 엄마와 아버지가 막내 여동생과 나를 집에 남겨놓고 외출을 가셨다.

하루 밤 주무시고 오시겠다고 하시면서 동생을 잘 돌봐주고 집 잘 지키라고 하시고 가셨다. 그 날 밤에 부모님이 계시지 않고 둘만 있다는 것을 알았는지 한 밤중에 잠을 자고 있었는데 내 가슴이 답답하고 숨이 막히고 배 위에서 무거운 느낌이 들어 몸을 움직일 수가 없었다. 눈을 떠 보니 어두운 달밤에 남자의 모습이 흐리하게 보였다. 그 남자가 방에 몰래 들어와 그 육중한 몸으로 나를 누르고 있었다. 나는 어린 목소리로 "아저씨 왜 그래요. 뭐하는 거야!" 하고 소리치니 그 사람은 나에게 "조용해! 들었어?" 하며 두꺼비 같은 큰 손으로 내 입을 막았다. 어린 12살 소녀가 그 남자의 몸무게를 뿌리치기에는 무리였었다. 그 사람에게 반항하기에는 내 힘으로는 이길 수가 없었다. 1살 된 어린 동생은 아무 것도 모르고 깊은 잠을 자고 있었다. 집 주변에는 아무도 살지 않는 외딴 곳이었다. 꼼짝 없이 그 아저씨의 아랫도리가 12살 소녀의 피부에 와 닿는 것이었다. 그리고 중요한 곳에 살이 찢겨지는 순간이었다. 나는 생각하기를 왜 이런 것을 하지 않으면 안 되는 것인가, 하면서 그 순간 기절을 했는지 아무런 감각이 없었다. 한참 있다가 그 사람은 나에게 "부모님께 이야기 하지 마. 들었어? 네가 부모님께 이야기하는 날에는 죽여 버리겠다."라는 말을 남기고 방을 나갔다. 성 교육을 받아보지 못했던 나는 당황할 수밖에 없었다. 나는 어린나이에 이미 성을 잃어버리고 성에 대해 빨리 눈을 떴다. 나중에 알고 보니 달밤에 비추던 그 사람은 우리 집에서 조금 떨어진 하숙집 노총각이었다는 것을 알았다. 나는 무서워서 부모님께 아무 말도 못하고 50평생을 가슴에 묻어 둔 채 살아왔다.

외출을 다녀오신 부모님은 어제 밤 딸이 무슨 일을 당했는지 아무것도 모르셨다.

아니 걱정하실까봐 나는 이야기를 드리지 않았던 것이다.

신포리 마을에
이사를 오다

　광산 일을 하시던 아버지는 술을 매일 드시다보니 건강도 점점
안 좋아 지시더니 결국은 광산 일마저 하지 못하게 되었고 또 다
시 우리 집은 신포리 면사무소에 있는 외딴집으로 이사를 하게 되
었다. 하루하루 집에서 아무 하는 일 없이 백수 생활만 하시던 아
버지는 매일 술에 만취가 되어 술주정을 하셨다. 아버지는 외출을
갔다 오실 때도 꼭 술에 만취가 되어 산 밑에서부터 올라오시면서
고래고래 소리 지르면서 노래를 부르며 오셨다. 그리고 한참 있다
가 소리가 나지 않아서 찾아가보면 언덕길에 누워서 코를 골며 주
무시고 계셨다. 그렇게 집에 모시고 오면 습관적으로 벌써 몽둥이
를 준비하러 나가셨다.

　아버지가 주무시는 것 이 외에는 나는 늘 긴장을 해야만 했다.
제대로 방에서 편히 잠을 자보지 못했다. 산이나 들 언덕에서 잠
을 청하기도 했다. 유난히 아버지는 나를 미워하시는 것이었다.

그 때 나는 똑같은 뱃속에서 자식을 낳았으면서도 유난히 미움 받는 자식이 따로 있는가하고 생각하기도 했다. 그리고 나는 실컷 두들겨 맞고 집밖을 뛰쳐나와 처마 밑에서 쪼그리고 앉아 밤을 지새우거나, 아니면 집 옆에 살랑살랑 흔들거리며 노랗게 익어가는 보리밭에 가서 고랑에 누어 하늘을 쳐다보며 별들하고 속삭이곤 했으며 귀뚜라미 울음소리를 자장가 삼아 잠을 청하기도 했다.

그 때 우리 집은 강아지 한 마리를 키우고 있었다. 강아지는 나를 좋아해 잘 따라다니면서 내 옆에서 함께 있다가 아침이 되면 집으로 들어갔다. 집에서 "명희야!" 하고 부르는 아버지의 목소리에 잠에서 깨어 눈을 떠 보니 눈부신 아침 햇살이 보리밭 사이로 살며시 스며들어왔다. 나는 일어나 아버지가 부르고 계시는 집을 향해 긴장하며 들어갔다. 아버지는 나를 보는 순간에 "빨리 아침밥 해놓고 산에 가서 나무 해오라!"라고 하였다. 나는 정말 산에 가서 나무 하는 것이 싫었고 강가에 가서 조개도 잡고 미역도 감고 친구들하고 놀고 싶었다. 어려서부터 험난한 일을 하지 않으면 안 되는 어려운 가난한 생활이었다.

산에 나무하러 가는 소녀

아버지는 눈만 뜨시면 산에 가서 나무를 해 오라고 하셨다.

아버지는 딸이 나무로 보였는지, 아니면 산으로 보였는지, 아니면 동네북으로 보였는지 모든 스트레스는 나에게 다 퍼 부었다. 아버지 말씀을 순종하며 어린 동생을 등에 업고 낫을 들고 아버지의 강요에 못 이겨 산으로 올라갔다. 산에 도착해서 동생을 내려 놓고 포대기를 깔고 넘어지지 않도록 동생을 허리에 끈으로 묶어 나무에 고정을 시켰다. 그 때는 초봄이라 조금 추운 날씨였다. 어린동생 순영이는 성격이 온순하고 예쁘기도 했다. 내가 나무를 베고 모으는 사이에 콧물을 줄줄 흘리고 춥기도 하고 배도 고파서 그런지 덜덜 떨며 울지 않고 언니를 기다리고 있었다. 나는 배고프면 소나무 껍데기를 까서 먹기도 했다. 낫을 들고 조금 떨어진 산꼭대기에 올라가 싸리가지 나무를 10단식 베어 묶어서 놓았다. 그리고 집으로 가기위해 다시 동생을 업고 나무 단을 집에까지 한

단씩 굴려서 갔다.

집에 도착해서는 산에서 베어온 겨울에 쓸 땔감나무를 뒤뜰에 쌓아놓았다. 그리고 어린동생을 아버지께 맡기고 나는 혼자서 지게를 지고 낫을 들고 넘어질듯 비틀거리며 뒷동산으로 나무하러 올라갔다. 산에 도착하면 (나의 살던 고향은 꽃피는 산골 복숭아꽃 살구꽃 아기 진달래 울긋불긋 꽃대궐 자리인 동네…)하고 잠시 고향의 봄노래를 부르면서 외로운 마음을 달래여 보기도 했다. 아버지는 계집애가 공부도 못하는데 학교가면 뭐하노 하고 아예 학교를 전학 시켜주지 않았다. 결국 나는 초등학교 5학년에 중퇴를 하고 말았다.

하얀 쌀과 고기반찬 사 오신다고
떠나신 엄마

아버지는 폐암 말기여서 일도 못하셨기에 엄마가 벌어서 생계를 꾸려가야만 되었다. 하루는 엄마가 일하러 도시로 나가셨고 나와 동생 아버지 3식구만 남게 되었다. 엄마가 없는 날엔 집안 살림은 내가 맡아서 해야만 했다. 엄마가 없는 집에는 아버지와 나는 늘 조용할 날이 없었다. 아버지가 술을 드시고 나를 때리려고 하시면 반항을 하게 되었다. "아버지! 왜 나를 때려요. 내가 아버지 친딸 맞아요? 왜 나를 낳으셨나요?" 하고 말대꾸를 할 때도 있었다. 그러면 아버지는 이 가시나가 말대답을 한다고 몽둥이를 찾았다. 나는 얼른 언덕 내리막을 달리며 아버지가 따라오시나 뒤를 힐끗 쳐다보며 도망가기도 했다. 엄마가 없는 집에는 늘 반복되는 아버지와 딸의 전쟁이었다. 집에는 먹을 것이 없었고 반찬도 없었다. 엄마가 어디에서 얻어왔는지 고추장 항아리가 있었다. 항아리 속을 들여다보니 구더기가 바글 바글 했다. 빗물이 장항아리 속에

들어왔는지 그래도 구더기가 있는 고추장이라도 배고픈 우리에게
는 유일한 반찬이었다.

그 해 추수가 끝나고 깊어가는 가을 길목에서 어린 동생 손을
잡고 면사무소 앞 언덕에 다정이 앉아서 딱딱한 옥수수를 가지고
고추장을 발라 먹으며 고기랑 하얀 쌀 사오시겠다고 떠나셨던 엄
마를 기다렸다. 그러나 덜컹거리는 고물 버스는 정류장에 멈추지
않고 아스팔트가 없는 도로에 시커먼 연기를 뿜어내면서 먼지를
일으키며 지나갔다.

애 타게 기다렸던 엄마는 우리 자매를 실망 시켰고 가을비는 보
슬보슬 내리고 비바람에 흔들거리는 코스모스는 하루하루 엄마를
기다리는 우리자매를 더욱 외롭게 했다. 그 때 코스모스를 잊지
않고 기억하고 있다. 나는 지금도 코스모스를 보면 엄마가 생각난
다. 그 때 동네 가게 집 라디오에서 흘러나오는 노래가 기억난다.
누가 불렀는지는 확실하게 몰랐지만 지금 생각해 보니 김상희 가
수가 부른 노래라는 것을 알게 되었다. 김상희 가수가 부른 노래
가 한창 유행했을 때이다.(코스모스 한들한들 피어 있는 길 향기
로운 가을 길을 걸어갑니다. 기다리는 마음같이 초조 하여라. 단
풍 같은 마음으로 노래합니다. 길어진 한숨이 이슬에 맺혀서 찬바
람 미워서 꽃 속에 숨었나 코스모스 한들한들 피어 있는 길 향기
로운 가을 길을 걸어갑니다.)

계곡에
우물 찾아서

　우리 집은 우물이 없어서 물을 퍼오기 위해 먼데까지 다 찌그러진 양은 물동이를 머리에 이고 가야만 했다. 지금은 기후가 온난화 영향으로 겨울 날씨가 그렇게 춥지 않지만 내가 어린 그 시절은 너무나 추웠던 겨울날이었다. 눈보라가 무섭게 치던 어느 날 아침저녁을 하기위해 어김없이 물동이를 머리에 이고 산 계곡에서 내려오는 물을 찾아 나섰다. 얼음 속을 들여다보니 수정같이 맑고 깨끗한 얼음이 살짝 얼어서 물이 졸졸 흐르고 있었다. 얼음을 깨고 바가지로 물을 퍼서 물동이에 담다보면 얼마나 추웠는지 손이 얼어서 펴지지가 않았다. 그 당시 장갑이 없었던 나는 손등이 터져서 금이 쫙쫙 갈라지고 피가 나왔다. 장갑대신 옷 소매를 길게 빼서 손등을 덮고 줄줄 흘러내리는 콧물을 막을 수가 없어 소매로 빤질빤질하게 코를 닦아가면서 겨우 머리에 물동이를 이고 집에까지 가는데 30분이나 걸렸다.

집에 와서 물동이를 내려 보니 추운 눈보라에 물이 다 날아가고 물동이 주변에 2겹 3겹으로 얼음이 꽁꽁 얼어 있었다. 몇 번에 걸쳐 물을 길어서 겨우 저녁을 준비하게 되었다. 아침저녁 시간이 되면 불안했다. 어린나이에 감당하기에는 너무 힘이 들었기에 정말 물 길러가는 것이 싫었던 것이다.(아~ 나는 언제 물 길러 가지 않고 편하게 살수가 있을까? 그런 날이 언제 올까? 우물이 우리 집 안방에 있으면 얼마나 좋을까?) 상상하며 꿈을 가지기도 했었다.

아궁이 속에
생쥐와 벌레

어느 날 저녁을 하기위해 아궁이에 불을 지폈다.

그런데 갑자기 굴뚝에서 겨울 찬바람이 불어내려 아궁이 안에서 시뻘건 불이 확 밖으로 나와 아궁이 앞에 앉아있던 내 머리와 바지를 태워버렸다. 조금 있으니 아궁이에서 무엇인가 시꺼먼 물건이 툭 튀어나와 순간 소름치게 놀라며 "으아악! "하고 비명을 질렀다. 그런데 내 무릎에 그 시꺼먼 물건이 안기는 것이었다. 어디에서 구수한 고기 냄새가 났다. 일어서서 바지를 보니 쥐 한마리가 추워서 아궁이에 들어가 있다가 뜨거우니까 참다못해 털이 새까맣게 타가지고 나온 것이었다. 아궁이에서 나온 쥐는 어찌나 고기 냄새가 구수한지 배가 고픈 나의 뱃속에 천둥번개 소리가 났다. 아무리 배고파도 징그러운 생 쥐 고기는 먹을 수가 없었다. 그런데 어디선가 또 다른 구수한 고기 냄새가 코를 찌른다. 아궁이에 불을 지피던 중 도토리나무에 달린 쐐기 벌레 집이 있었다. 불에 잘 익어서 껍데기를 까서 먹기도 했었다.

그렇게 배고픈 나의 삶을 경험하면서 하루하루를 달래가며 살아갔다. 이런 경험을 맛보지 않은 사람은 이해를 하지 못할 것이다.

한 끼 밀가루 빵과
나팔바지

엄마가 돈 벌러 가시고 우리 집에 한 끼 먹을 밀가루가 있었다. 가난하면서도 남에게 유난히 퍼주기를 좋아했던 나는 동네 친구들을 불러서 빵을 만들어 나누어줬다. 집에 양식이 없어지자 아버지는 또 몽둥이를 들고 찾아다니셨고, 그날 밤 나는 실컷 종아리를 걷어 올리고 매를 맞고서야 눈물을 닦으며 잠을 잤다.

넉넉지 못한 집안 형편 때문에 옷도 못 사 입는 처지라 나는 동네 아이들이 입다가 버린 옷을 주워다 입었다. 특히 그 시절에는 나팔바지가 유행이었다. 나 또한 나팔바지가 입고 싶었다. 그런데 어느 날 어디에서 구하셨는지 나팔바지를 엄마가 가져오셨다. 하지만 그 당시에 우리 집은 다리미가 없어 나팔바지를 빨아서 덜 말린 채로 주름을 접어 이불속에 깔고 위에다 이불을 덮어 아침까지 놔두면 주름이 어느 정도 잡혀 있었다. 그리고 외출복으로 입었다.

어느 날이었다. 하나 밖에 없는 나팔바지를 입고 아궁이에 불을 지피다가 그만 태워버렸다. 나는 너무 안타까워 엉엉 울었다. 멋쟁이들이 입고 다니는 옷이라고 보는 눈이 있어 정말 마음이 아프고 억울했다. 그러나 그냥 버리기가 아까워 할 수 없이 천을 대고 바늘로 기워서 입고 다녔다. 그런데 망우리에 살고 계셨던 막내 이모님께서 입던 옷을 한보따리 보내주셨다. 나는 보내주신 옷 중에 맘에 들은 검정색 코트를 선택했다. 우리집 식구들은 다들 키가 큰데 나만 유별나게 작다. 키가 작은 나는 어른들이 입는 옷을 땅에 닿을까 말까 하는 큰 사이즈를 입고 겨울이고 여름이고 검정코트는 벗을 줄 몰랐다. 더워서 땀을 뻘뻘 흘리면서 검정코트를 무척 아껴서 입고 다녔다. 동네 아이들은 비웃기도 했고 엄마도 나보고 "제발 코트 좀 벗어버려라!" 하고 잔소리를 하셨다. 계절도 없이 아무 때나 입고 다니니까 보는 사람마다 비웃는 것이었다.

나는 그 당시 어린 시절을 회상해 보면 아버지한테 매 맞을 것을 알면서도 집안 형편도 넉넉지 못한데 왜 그렇게 남들에게 주는 것을 좋아했는지 모르겠다. 미움을 받아가면서 그래도 주는 것이 좋았다. 나이가 오십이 된 지금도 남에게 퍼주기를 좋아한다. 퍼주고 나면 마음이 편하고 기쁨이 충만하다. 어려서부터 앞으로 크면 자선사업가가 되는 것이 꿈이었다. 하지만 그 꿈은 이루지 못했지만 앞으로 꿈이 현실로 이루어지기를 소망한다.

풀숲에 버려진 접시

　우리 집은 가난했기에 멋지고 예쁜 접시를 돈 주고 구입한다는 것은 어려운 일이었다. 그런데 서울에서 오빠가 자주 예쁜 접시를 사서 보내주기도 했었다. 엄마는 예쁜 접시를 교회에서 목사님이 오시면 사용하려고 아끼고 감추어두면 나는 어떻게 해서든 찾아서 사용을 하였다. 역시 예쁜 접시에는 들에서 캐온 산나물로 반찬을 만들어서 담아놓으면 맛이 좋고 보기가 좋았다. 문제는 남자 같고 덜렁대는 나의 급한 성격 때문에 접시를 조심스럽게 사용하지 못하고 이가 나가거나 실수해서 깨뜨리는 것이 일쑤였다. 깨진 접시로 인해서 나는 엄마한데 혼날까봐 여름에는 풀숲에 버렸다. 풀숲에 버리는 것은 풀들이 가리고 있어서 아무도 보지 못하기 때문이었다. 그래서 접시가 깨질 때마다 풀숲에 버렸다.

　그해 추운 겨울이 왔다. 가시덩굴 속에 풀잎이 마르고 꽃잎이 지면서 깨져서 버려진 접시가 훤하게 모습이 드러나기 시작했다.

접시가 없어진 것을 모르는 엄마는 풀 속에 버려진 접시를 발견하고 결국 딸이 문제를 만든 것을 보며 한숨을 내 쉬기도 했다. "도대체 너는 이다음에 커서 뭐가 되려고 하냐." 하시는 것이었다. 아까운 접시를 하나도 남김없이 다 깨뜨려서 버렸으니 딸 손에 들어갔다 하면 무엇이든지 성한 것이 없이 고장이 나버린다고 했다.

찹쌀 조 때문에
가출한 소녀

어느 날인가 집에는 한 끼밖에 없는 찹쌀 조가 있었다. 찹쌀 조
는 저녁에 우리 집 마지막 먹을 양식이었다. 그 날 저녁에 찹쌀 조
를 씻어 솥단지에 넣고 불을 지폈다. 3시간이나 걸려서 아무리 불
을 지펴도 밥이 되지 않고 죽이 되는 것이었다. 지금 생각하니 찹
쌀 조는 멥쌀 하고 섞어서 하는 것인데 그 당시 초등학생이었던 나
는 그 방법을 엄마에게 배운 것도 아니어서 전혀 알 수가 없었고 모
르고 할 수밖에 없었다. 저녁이 늦어지자 방에 계시던 아버지는 부
엌으로 들어오셔서 솥뚜껑을 열어보시는 것이었다. 그리고 바가지
로 죽을 퍼서 나에게 내 던지시면서 "이것도 밥이라고 하냐?" 하시
면서 밖으로 나가시더니 몽둥이를 들고 나에게 다가오시는 것이었
다. 나는 매 맞기 싫어서 동네 언덕 아래로 도망을 쳤다. 그 후로
집을 가출하게 되었으며 동네 친구 은영이한테 가서 버스비를 빌
려서 타고 내린 곳이 강원도 화천군 원천리 마을이었다.

면장님 집에서
식모살이 하는 14세 소녀

　그 마을에 도착해서 운이 좋은 건지 아니면 나의 앞날에 불행이 닥쳐오는 건지 김 면장님 집에 들어가 식모살이를 시작했다. 김 면장님 동네는 화천군 원천리 마을이었다. 김 면장 댁은 10식구나 되는 대가족 집이었다. 김 면장님 부인이 빨래를 하라며 광에 가 보니 난 너무 놀라서 할 말을 잃었다. 얼마나 빨래를 하지 않았는지 엄청나게 쌓여있었다. 매일 개울에 가서 빨래를 해도 줄어들지가 않았다. 밥하고 청소하고 월급 없이 밥만 얻어먹는 것으로 만족할 수밖에 없었고 거의 노예 생활을 하며 하루하루를 살다시피하였다. 그렇게 육체적인 노동으로 내 몸은 지칠 대로 지쳐있었다. 하루는 너무 피곤해서 낮잠을 자고 있었는데 내 발바닥이 뜨거워 눈을 떠보니 면장님 두 딸이 성냥불을 켜서 발에 놓고 장난하는 것이었다. 이유는 낮잠 자지 말고 밖에 나가 일하라는 것이었다.

그 날 밤에 내 방에서 자고 있는데 방문 여는 소리가 나서 눈을 떠보니 전기 불을 켜지 않아서 캄캄한 방에 창문을 통해 비춰지는 달빛이 그들의 얼굴을 보게 했다. 두 남자는 면장님 고등학생 아들과 이모의 아들이었다. 겁탈을 하려고 해서 나는 있는 힘을 다해 뿌리치며 밖으로 도망을 나왔다. 12살에 성 폭행 당했던 생각이 문득 생각이 나서 온 몸이 부들부들 떨리며 겁에 질려버렸다. 그리고 밤새 논두렁에서 잠을 자야만 했다. 나는 더 이상 이집에 있어서는 안 되겠다는 결론을 내리고 떠나야겠다는 결심을 했다.

　그리고 면장님 집에 아무도 없을 때 차비를 만들기 위해 몰래 쌀을 한 되를 퍼서 구멍가게에 팔아 돈을 받아서 버스를 타러 정류장에 나갔다. 그런데 하필이면 그 장소에 면장아들과 이모아들이 있었다. 버스를 타고 가려는 나에게서 돈을 빼앗고 면장님이 사주신 운동화를 벗어놓고 가라는 것이었다. 할 수없이 신발을 벗어서 주고 맨발로 우리 집을 향해 걸어갔다. 우리 집은 사북면 신포리 면사무소 뒤 외딴집이었다. 집에까지 가려면 하루 종일 걸리는 거리였다. 맨발로 비포장도로를 돌멩이와 부딪치면서 걷기를 얼마나 했는지 몰라도 어느새 발바닥에 상처가 나 피를 흘리기 시작했다. 절룩거리면서 맨 발로 한발 한발 디딜 때마다 아픈 고통은 이루 말할 수 없었고 괴로웠다. 나는 그렇게 피를 흘리며 3시간 정도를 걷다보니 화천군 덕촌리 마을 산중턱까지 왔을 때였다.

억울하게
누명을 쓴 소녀

그 때 갑자기 경찰차가 사이렌을 울리면서 내 앞을 가로막는 것이었다. 그리고는 영문도 모르는 나를 강제로 차에다 태워서 다시 원천리 지긋지긋한 면장님 댁으로 간 것이다. 아무것도 모르는 나는 억울하게 누명을 쓰기 시작했다. 주인아줌마가 나를 도둑으로 오인해서 경찰서에 신고한 것이다. 사유는 면장 집에 사슴을 키웠는데 내가 사슴뿔을 훔쳐갔으니 나보고 훔쳐간 사슴뿔을 어디에 놨느냐고 사실대로 이야기를 하라는 것이다. 그러나 나는 면장 집에서 사슴을 키웠는지 전혀 몰랐고 사슴을 본적도 없었고 사슴뿔이 약으로 쓰인다는 것은 더더욱 몰랐다. 14살 어린 것이 무엇을 안다고 정말 난 너무나 억울했다.

주인아줌마는 나를 방에다 가둬두고 불을 지피면서 하루 종일 고문을 하는 것이었다. 마당에는 많은 구경꾼들이 웅성거리며 모여 있었다. 마침 큰 죄인처럼 보고 있는 것 같았다.(가난하고 없는 것이 그토록 죄가 된단 말인가?) 너무나 억울했다. 눈물이 왜 이리도 많이 나는지……. 어느새 나의 두 뺨에 서글픈 눈물이 볼을 타고 내리기 시작했다. 나는 그 때 어린나이에 생각하기를 (왜 나는 부잣집에 태어나지 못했을까?)했다. 하얀 쌀밥과 고기반찬이 얼마나 그리웠는지 가난이 원망스러웠다. 아무리 어려워도 부모님을 크게 원망하지는 않았다. 세상구경을 못한 어린나이의 나는 부모님이 살아오신 삶의 그 자체가 올바른 것이라고 받아드리고 인정한 것이다. 보고 배운 것 가난하게 살아온 것이 올바른 것이라고 생각했는지 현실을 받아드렸다. 다만 내 자신에게 원망을 하면서 남들같이 부잣집에서 태어나서 살았으면 이런 고통을 받지 않아도 되었을 텐데 하고 생각한 것이다. 나는 방에 억울하게 도둑으로 누명 씌어 갇혀 있었고, 방은 불로 인해서 점점 뜨거워졌다. 방바닥이 얼마나 뜨거운지 발을 디딜 수가 없어 방바닥에서 깡충깡충 뛰면서 피해보려고 노력하였지만 모든 것이 허사였다. 온몸이 땀으로 흠뻑 젖어있었고 콧물과 눈물이 섞여서 입안으로 들어가며 목이 메여 눈물을 터뜨렸다. 주인은 몇 시간을 불을 지폈는지 방안에 온도가 높아지면서 가슴이 답답하고 숨이 막혀서 어찌해야 좋을지 몰랐다. 이럴 때 엄마가 옆에 있었으면 아버지한테 쫓겨나지 않았을 것이고 여기까지 와서 혼자 이 고통을 당하지 않아도 되었을 텐데. 돈 벌러 간 엄마가 무척 그립고 보고 싶었다.

"엄마! 나 좀 살려줘~, 빨리 와서 나의 억울한 누명을 벗겨줘~, 엄마! 빨리 와~, 어디에 있어. 나를 구해줘! 엄마……." 하고 속으로 울면서 간절한 마음으로 불러보았다. 엄마는 대답이 없었다. 면장 집에서는 나보고 보지도 못한 사슴뿔을 도대체 어디다가 버렸는지 실토하라는 것이었다.

경찰관에게
현장검증 받은 소녀

　도둑으로 누명 받은 나는 14살에 경찰관이 면장 부인하고 어린 나를 데리고 현장에 나와서 검증까지 받았다. 몸과 마음은 지칠 대로 지쳤고, 고문을 견디다 못해 나는 거짓말로 산 밑에 버렸다고 했다. 나를 경찰차에 태워서 아무산이나 선택하고 현장에 갔다. 산이 너무 높아서 사슴뿔을 그들은 찾을 수가 없었다. 아니 그 곳에 없는 뿔을 어떻게 찾겠는가.

　경찰관은 사슴뿔을 버린 장소가 정확하게 어디냐고 다구쳤다.

　나는 어린마음에 생각하기를 (사슴뿔이 뭐길래 이토록 나를 못살게 하는 것일까?)했고 이해가 안 갔다. 현장 검증을 마치고 물건을 찾지 못하자 다시 나를 경찰차에 태워서 정말이지 두 번 다시 들어가고 싶지 않은 지긋지긋한 면장 집으로 갔다. 그리고 죄값으로 나는 식모살이를 또 다시 해야만 했다. 괴롭힘 당하는 것은 여전했다. 어느 날 나는 또 탈출을 시도했다. 나에게 면장집에서 탈출 할 수 있는 기회가 온 것이다.

　그리고 나는 주인이 아무도 없을 때 버스정류장에 나와서 지나가는 아무차를 잡아서 태워달라고 사정하여 강원도 화천군 시내로 탈출을 했다. 그리고 태워다 준 운전수 부부가 화천군 시내에 있는 편물점으로 들어가 일을 할 수 있게 소개를 시켜주었다. 그리고 편물 기술도 배워가며 적응하기가 쉬었다. 면장 집보다는 그나마 편했다.

　그러던 어느 날 돈 벌러 가셨던 엄마가 소문을 듣고 찾아오셔서 나를 데리고 신포리 집으로 갔다. 엄마가 왔을 때는 나는 무척 기쁘고 좋았다. 엄마는 불쌍한 딸을 바라보시며 말없이 눈가에 눈물이 고여 있었다. 엄마가 나에게 따뜻한 손을 잡으며 집에 돌아가자고 하시는 것이다. 나는 엄마와 손을 잡고 버스터미널을 향해 갔다. 그리고 그렇게 기다리고 살려달라고 불렀던 그 엄마가 딸을 찾아왔다는 것이 너무 좋았다. 버스 터미널에서 버스를 기다리는 동안 엄마의 치맛자락에 얼굴을 비비며 엄마의 냄새를 맡으며 "엄마! 엄마! 보고 싶었어. 이 잉……."하면서 어리광을 부렸다. 아무리 가난하고 어려워도 엄마의 품은 따뜻하다. 엄마가 나에게 좋은 옷과 좋은 집에서 키우지는 못했지만 엄마를 무척 사랑하고 사랑한다. 나는 가난을 그대로 감사하게 받아드린다. 나의 삶은 고달프게 살아왔지만 지금에서야 행복으로 생각하고 있다.

잔인한 아버지에게
희생당한 덕구

집에 돌아 온 나는 아버지의 눈치를 보며 살며시 방으로 들어갔다. 엄마가 옆에 있으면서 든든하게 지켜주시고 있기에 두렵지가 않았다.

내가 어린 시절 겨울은 왜 그리 추웠던가. 지붕 없는 뒷간에서 양쪽에 커다란 돌멩이를 놓고 볼일을 보았다. 하루는 볼일을 보다가 돌에 미끄러져 똥통에 빠져서 온몸이 똥으로 뒤범벅이 되었다. 그런데 우리 집 강아지가 와서 꼬리를 흔들며 핥아먹었다. 내가 외로울 때마다 우리 집 강아지는 나의 유일한 친구가 되어주었다. 개 이름은 덕구였다. 덕구는 내가 집에서 쫓겨나거나 울거나 하면 항상 내 옆에 있어주었다. 아버지한테 쫓겨나 보리밭에서 잘 때도 따라와 아침까지 함께 친구가 되어주었다.

그런데 어느 날 나는 친구랑 밖에서 놀다가 우리 집에 연기가 나서 불이 난 것이 아닌가 하고 헐레벌떡 달려와 봤다. 집에 도착해보니 나무에 매달은 시꺼먼 물건이 있었고 이상한 혀 바닥이 쏟아져 나와 있는 것이었다. 무엇인가 했더니 내가 제일 좋아하는 강아지 덕구를 잡아서 나무 장작불을 피우고 태우고 있었다. 잔인한 인간 아버지에게 덕구는 희생을 당한 것이었다. 아버지는 친구들을 초대하여 보신탕으로 대접시키려는 것이었다. 너무나 충격을 받아서 산에 올라가 "덕구야, 덕구야." 부르며 내가 유일하게 좋아했던 친구였는데 하며 엉엉 울었다.

지긋지긋한
가난세월

 아버지는 친구를 매일 부르시곤 하셨다. 이유는 아버지가 나라에서 훈장을 받은 것이 있었다. 매일 벽에다 붙여놓고 자랑을 하셨다. 그리고 어느 날 그 훈장이 도둑을 맞고 찾을 수가 없었다. 엄마는 식구들을 먹여 살리기 위해 매일 직장을 다니셨다. 또한 엄마는 신포리 사북교회를 다니셨다. 아버지를 위해 기도하시며 온갖 고생을 다하셨고 아버지의 핍박을 받아가며 주님을 의지하시고 이겨내셨다. 아버지는 엄마를 일도 못 나가게 방해 하시면서 옆에만 있어주라고 했다. 나는 엄마 대신 먹을 양식을 구하기 위해 어린 나이에 산에 가서 진달래꽃을 따먹으며 소나무 껍데기를 베껴먹으며 허기진 배를 채우며 싸리가지 나무를 베다가 팔아서 양식을 사야만했다.
 하루는 집에 양식이 없어 엄마와 어린동생 아버지 나를 포함해서 넷이서 자루 하나씩 들고 곡괭이를 들고 추수 끝난 밭으로 양식을 주우러 갔다. 밭주인이 다 캐간 자리에 가서 남은 것이라도 건질가 하고 캐서 자루에 가득 집어넣었다. 그리고 옥수수 밭으로 이동하였다. 주인이 떨어트린 딱딱한 옥수수는 우리보다 먼저 새들이 뜯어먹고 남은 찌꺼기를 자루에 담아놓고 난 다음에 벼이삭을 주어 담고 우리가족은 기쁜 마음으로 집으로 돌아왔다. 그런데 그 양식은 얼마 못가 떨어지고 결국 며칠씩 우리가족은 굶어야만 했다.

그렇게 가만히 앉아 굶을 수만은 없었기에 나는 어린 여동생을 업고 한손에 주전자를 들고 신포리 강가로 골뱅이와 조개를 잡으러 갔다. 그런데 동생을 업은 나는 진흙에 발이 빠져서 그만 앞으로 넘어졌다. 그리고 동생은 함께 넘어지면서 앞에 있는 날카로운 돌멩이에 이마가 부딪쳐 피가 흐르고 있었다. 동네 보건소로 데리고 가서 치료를 했지만 그 상처는 지금까지도 동생 이마에 있다고 한다.

생전 울지도 않고 강하다고 느낀 우리 엄마는 굶는 자식을 보고 눈물을 흘리셨다, 엄마의 눈에서 눈물이 흘러내리는 모습을 보니 아버지가 너무나 원망스러웠다. 왜 우리 엄마를 고생시키는가 하고 나는 반발이 생겼다. 말끝마다 엄마와 나를 교대로 때리고 핍박을 하셨다. 이젠 정말 아버지가 싫어졌다.

아버지는 술만 드시면 엄마의 머리채를 잡고 흔들었다. 그리고 나를 주먹으로 귀 방매를 때렸다. 귀 방매를 맞을 때마다 귀가 멍하면서 별이 번쩍하며 눈앞이 캄캄하면서 보이지가 않았다. 나는 갓난아기 때부터 매를 맞고 자라왔다. 그 때부터 한쪽 귀가 듣지 못하게 되어 어디를 가도 놀림을 당했다. 어느 날 엄마는 직장에 나가고 나는 동네에 친구들하고 놀았다.

나보다
예수가 더 좋으냐

　갑자기 친구가 "명희야, 너희 집 쪽을 봐, 시뻘건 불이 하늘로 치솟고 있어!"라고 말하는 것이었다. 정말 우리 집을 향해 쳐다보니 시뻘건 불이 하늘을 치솟아 활활 타오르고 있었다.(도대체 집에서 아버지가 무슨 일을 저지르신 건가, 설마 집에 불을 내신 것은 아니겠지?)하고 생각하며 나는 엄마 직장에 달려가서 사정 이야기를 말씀드렸다. 엄마는 그 때 동네에 있는 공장에서 일을 하셨다.

　엄마는 놀라시며 나와 함께 부랴부랴 집으로 올라와 봤다. 설마설마 했더니 아버지가 일을 저지르고 계셨다. 정말 귀신이 덮여 쓰신 건가하고 확인해 보니 내가 동생을 업고 산에 가서 밤낮으로 고생하며 해온 나무를 뒤뜰에서 마당으로 끌어내어 황덕 불을 피워 태우고 계셨다. 겨울 내내 불을 땔 땔감 나무였는데 한 번에 다 태우는 것이었다.(아~ 어쩌면 좋을까. 나무를 다 태워버렸으니 또 다시 그 추운 눈보라 속에 산에 올라가 나무를 해 와야 하는데…….) 나는 정말 산에 가기 싫었다. 그 해 혹독한 겨울바람은 어린아이가 얇게 입은 옷 속으로 들어오고 찬바람이 부드러운 살과 뼈 마디마디에 스며들 때마다 고통스러웠다. 따뜻한 방에서 두 다리 펴고 맘 편히 자보는 것이 소원이었다. 그리고 방에 들어와 보니 아버지는 옷장에 있는 우리식구 옷을 다 끄집어내어 방바닥에 산더미 같이 쌓아놓고 석유를 뿌리셨다. 부엌에 가보니 솥단지에 밥그릇마다 석유를 뿌려 놓아 냄새가 진동을 하였다. 내가 그토록 좋아하고 아끼던 노란색 나팔바지도 버리게 되어 입지를 못했다.

그뿐만 아니라 엄마의 머리에다 석유를 뿌리면서 "나보다 예수가 더 좋냐?" 하시며 핍박을 하시더니 엄마의 긴 머리카락을 휘어잡고 방바닥을 빙글빙글 돌며 끌고 다니시는 것이었다. 그리고 다 태워 죽이겠다고 난동을 부리시곤 하셨다. 아버지는 제정신이 아니셨다. 아버지는 엄마에게 주먹으로 얼굴을 때리려고 하실 때 엄마는 때리는 아버지의 손목을 잡으며 엄마의 사랑이 가득담은 부드러운 손으로 아버지의 손을 가리키며 "당신이 때리는 이 손이 얼마나 아프세요." 하시면서 찬송을 불러 주셨다.

지금도 기억이 난다. 매일 아버지가 주먹질 하실 때마다 엄마가 불러주시는 찬송이 있다. 엄마는(찬송가 324장 주님 찾아오셨네 모시어 들이세 가시관을 쓰셨네 모시어 들이세 우리죄를 속하려 십자가를 지셨네 받은 고난 크셔라 모시어 들이세…)찬송을 하시면서 기도해 주시기도 했었다. 아버지한테 한 번도 말대꾸하시거나 맞대고 싸우시지 않으셨다. 그리고 신세타령도 원망도 하지 않으셨다. 아무리 힘들고 어려워도 아버지를 버리고 이혼하시겠다는 말씀도 한 적이 없으셨다. 오히려 엄마는 아버지께 "여보! 하나님께서 당신을 무척 사랑하십니다. 예수님은 나와 당신을 위해 십자가에 대신 죽으시고 피 흘려주셨습니다. 그래서 나도 당신을 사랑하기에 때리는 남편과 자식을 버리지 않습니다."라고 아버지를 위로하셨다. 엄마는 외갓집에 부유한 가정에서 사랑받으며 큰딸로 태어나셨다. 그러나 아버지를 만나면서 그토록 고생을 하셨다. 엄마는 30대에 죽을병에 걸려서 하나님께 고침 받고 예수를 영접하셨다. 아버지는 폐병에 걸리시면서 그 때부터 더욱 난폭해 지셨다.

나는 태어날 때부터 아버지한테 폭력을 당하며 사랑을 받지 못하고 자라왔다. 엄마와 나는 번갈아가면서 두들겨 맞아대는 이골이 난 전문가다. 오죽했으면 나는 자상한 우리아버지한테 데려다 달라고 울부짖었다. 이성구 아버지는 친아버지가 아니다. 나의 아버지면 왜 나를 이렇게 미워하고 때리는 것인가 하면서 대들기도 했었다. "엄마! 자상한 아버지 사와요. 왜 저런 아버지와 결혼해서 고생시키시나요. 나를 왜 낳으셨나요. 차라리 낳지 않았으면 고통을 당하지 않을 텐데."하고 말하면 엄마는 "내가 낳고 싶어 낳았냐? 하나님이 세상에 보내셨지."라고 하셨다. 그리고 엄마는 아버지한테 매를 맞으면서 아버지와 말씀하셨다. 아버지는 웃는 어머니를 보시고 "이년은 억울하지도 않나 때리면 때릴수록 웃고 있으니……." 하시면서 결국 아버지는 맥이 빠져서 때리던 손을 슬그머니 내리시는 것이었다.

어린나이에
살인자가 될 뻔한 딸

저는 이제서야 회개하는 마음으로 고백합니다.

나는 엄마와 나를 때리는 아버지가 미워서 죽이려고 쥐약을 구하여 밥에다 넣었다. "아버지는 빨리 죽어야해" 그래야 우리엄마도 우리형제들도 고생을 안 하지 하면서 부엌에서 쥐약을 넣은 밥상을 들고 방으로 들어가려는데 온 몸이 부들부들 떨리면서 지진이 나는 것같이 다리가 떨어지지가 않는 것이었다. 마음속에서는 (안 돼! 안 돼⋯ 이러면 안 돼⋯⋯.)하면서 심장이 두근두근 거리고 마음을 잡을 수가 없었다. 결국 밥상을 내 던져버렸다. 나는 하나님 앞에 아버지 앞에 큰 죄를 저지를 뻔했다. 어린나이에 살인자가 될 뻔했다. 그 때만해도 나는 모태 신앙이었지만 믿음은 없었다. 아마 엄마가 늘 자식을 위해 기도하신 탓일까, 살인은 아무나 하는 것이 아닌 가 봅니다. 엄마의 기도가 없었다면 저는 그 때 영원히 살인자식으로 낙인이 찍혀 살았을 것입니다. 나는 원망이 터져 나오기 시작했다. 오히려 엄마를 원망하면서 "하나님이 계시다면 왜 우리가 가난한 것입니까"라고 반발을 했다. 하나님이 계시면 부자가 되게 해 주시고 자상한 아버지를 사오라고 떼를 썼다. 말끝마다 명희는 다리 밑에서 주워왔다고 하셔서 나는 진짜 아버지한테 데려다 달라고 울부짖기도 했다. 그 때부터 부모님은 절대로 다리 밑에서 주워왔다는 이야기를 하지 않으셨다. 그렇게 시간이 흐르며 세월이 바뀌었다.

화장실은
어디에 있어요

　나는 서울에서 직장을 다니고 있는 오빠를 통해 등촌동에 있는 양산과 우산을 만드는 공장에 소개시켜 취직을 하게 되었다. 기숙사에 있으면서 열심히 일을 했다. 하지만 처음으로 하는 서울생활을 적응한다는 것은 쉽지만은 않았다. 화장실을 가고 싶은데 아무리 봐도 우리 집에서 본 시골 화장실이 눈을 씻고 찾아보려 해도 볼 수가 없었고 돌멩이를 양쪽으로 놓고 앉아서 볼일 보는 곳이 없었다. 그 때 나는 재래식 화장실을 찾은 것이었다. 마침 옆에 있던 사람에게 화장실이 어디에 있느냐고 물었더니 가르쳐주는 것이었다. 수세식 화장실이었다. 우리 집보다 너무 깨끗해서 화장실 같지가 않았다. 어디에서 앉아 볼일을 보아야 하는지 어떻게 앉는 건지 난생 처음 경험한 나는 모를 수밖에 없었다. 나는 변기 안에서 나오는 물속에 머리를 처박고 세수도 하고 머리도 감았다. 그리고 변기위에 신발을 벗고 올라앉아서 볼일 보다가 미끄러져 넘어지기도 했었다. 지금이야 그 때 그 시절이 참으로 우습기만 하고 그렇지만 촌에서만 살던 나는 정말 무식하고 몰라도 너무 몰랐다.

목욕탕이
에덴동산인가요

　한 번은 공장에서 함께 일을 하는 순애 언니라고 하는 분이 목욕탕을 가자고 하는 것이었다.

　신포리에 살았을 때는 생전 목욕을 해본적도 없지만 목욕탕이라고 들어본 적도 없었다. 온몸에 때가 많았고 옷에는 이도 많았을 뿐만 아니라 머리에는 석해가 하얗게 있었다. 그런데 순애 언니를 따라 태어나 처음으로 목욕탕에 가 보았다. 목욕탕 안으로 들어서는 그 순간 난 그만 화들짝 놀라지 않을 수가 없었다. (왜 저 사람들은 모두가 옷을 홀딱 벗고 있는 거야. 창피하지도 않은가)라고 생각했다. 처음으로 서울생활들을 경험하면서 주위에 보이는 모든 것들이 신기해 보였고 온통 신기한 것들로 가득 차 있었다.(목욕탕이 에덴동산인가. 왜 옷을 다 벗고 물에 들어가지) 나는 다른 나라에 온 기분이 들었다. 그 때는 정말 이해 할 수가 없었다. 시골에서 살 때는 옷을 입은 채 강가에 가서 친구들과 조개

잡으며 미역 감았던 것이 생각이 났다. 나는 더 이상 목욕탕에서 있을 수가 없었고 부끄러워서 옷을 벗을 수도 없었다. 그 자리에서 목욕탕 문을 열고 도망을 쳤다. 처음으로 간 목욕탕의 경험이었다.

공장에서 점심시간만 되면 나는 공장 앞에 있는 강 언덕을 가끔 바라보고 있었다. 그리고 어느 날 공장에서 함께 일하는 친구와 잠시 그곳에 놀러갔다. 언덕에서 내려다보이는 넓은 벌판에 말없이 흘러가는 강물을 바라 볼 수가 있었다. 언덕에서 이름 모를 들꽃들이 만발하고 내 키만큼 자란 풀밭속에 벌렁 누워서 높고 파란 하늘을 쳐다보며 신포리 고향생각에 잠겼다.(엄마와 동생은 잘 있을까? 아버지는 아직도 술을 마시고 다니실까)하고 걱정하면서 들꽃을 한 아름 꺾어들고 공장으로 돌아왔다. 그 후 얼마 지나지 않아 나는 몸이 점점 좋지 않아서 회사를 그만두고 신포리 집으로 돌아왔다.

처음으로 교통사고

집에 돌아온 나는 신포리 고향친구에게 빌려준 돈 5,000원을 받기위해 친구 집으로 갔지만 친구는 지금은 돈이 없다며 다음에 준다는 것이었다. 그래서 돈도 못 받고 집에까지 걸어오던 중에 신포리 장공장 앞에서 갑자기 큰 화물차가 나의 뒤를 받아서 내 몸은 공중에 높이 날라서 땅으로 떨어진 것이었다. 교통사고였다. 나는 그 때 죽지않았지만 놀래서 자리에서 벌떡 일어났다. 운전수가 졸음에 못 이겨 사고를 친 것이었다. 운전수가 병원가자고 권했지만 나는 무서워서 그냥 집으로 도망쳐 왔었다. 그 후 나는 교통사고 후유증으로 많은 고생을 할 때마다 왜 그 당시에 병원에 안 갔는지 참 바보스럽기도 했다.

예수님과
나와의 첫사랑

이날은 예수님과 내가 첫사랑을 맺은 날이며 성령을 체험한 날이고 천국과 지옥을 체험한 날이기도 하였다. 엄마와 아버지는 사북면 신포리에 있는 부락에 간다고 하시는 것이었다. 나또한 엄마를 따라서 구경을 갔다. 그렇게 간곳이 신포리 부락에 살고계시는 군인가족이 있는 집이었다. 그 집에 어린 혜숙이라는 아이가 걷지를 못하는 소아마비에 걸려있었다. 그 아이를 방 가운데 앉혀놓고 주변에 여러 성도님들이 둘러앉아 함께 뜨겁게 박수를 치면서 찬송하고 하나님 앞에 눈물콧물이 범벅이 되여 기도하고 있었다. 그때 탱크부대에 군종으로 근무하는 군인전도사님이 계셨다. 군종인 전도사님은 현(칼빈개혁총회장) 육대식 목사님이셨다. 나는 그때 그분의 기도를 통해서 신포리 마을에 살고 있는 이 가족이 군인가족이라는 것을 알게 되었다. 이집에서 가정 부흥회를 한다고 해서 엄마의 치맛자락을 붙잡고 따라온 것이었다.

그 때 혜숙이네 집에 들어가는 순간 큰 소리로 성도님들이 찬송하며 눈물콧물 흘리면서 부르짖고 기도하는 것이었다. 어린 혜숙이를 방 한 가운데 놓고 전도사님은 기적이 일어나기를 간절히 기도하고 있었다. 나는 그 때 시끄러워서 더 이상 참지 못하고 밖으로 문을 열고 나가려는 순간 성도님들이 아멘~! 하면서 갑자기 자리에서 벌떡 일어나 박수를 치는 것이었다. 나도 모르게 뒤를 돌아보는 순간 걷지 못하던 혜숙이가 자리에서 벌떡 일어나 방 한가운데를 걷고 있는 것이었다. 나는 하나님은 죽고 없다고 원망하던 내 입에서 나도 모르게 큰 소리로 성령의 감동을 입어 "하나님! 죽지 않고 살아계셨군요. 하나님! 감사합니다! 감사합니다!"라고 몇 번 하더니 이상한 말이 터져 나왔다. 그것이 방언이었다. 성령세례를 받은 것이었다. 그러면서 천국과 지옥이 있다는 것이 믿어지기 시작했다. 내가 얼마나 뜨겁게 받았는지 절제가 안 되어 밖으로 나와 집으로 돌아와 이불을 뒤집어쓰고 온 종일 방언을 했다. 정말 방언이 무언지도 몰랐는데 나는 내가 미쳤나하고 아무리 절제하려고 해도 그칠 줄을 몰랐다. 얼마나 시간이 흘렀을까, 아버지 엄마가 집회를 마치고 들어오시더니 아버지는 "에미가 미치더니 딸년까지 미쳤구나!" 하시는 것이었다.

그 후 나는 성령이 충만하여 불타오르는 나의 가슴은 전도하고 싶은 내 마음을 잡을 길이 없었다. 동네를 다니면서 집에 있는 냄비를 가지고 나와서 동네를 돌며 두들겼다. 그리고 그렇게 전도하러 다니기 시작했다.

"오순절 날이 이미 이르매 그들이 다 같이 한 곳에 모였더니 홀연히 하늘로부터 급하고 강한 바람 같은 소리가 있어 그들이 앉은 온 집안에 가득하며 마치 불이 혀처럼 갈라지는 것들이 그들에게 보여 각 사람 위에 하나씩 임하여 있더니 그들이 다 성령의 충만함을 받고 성령이 말하게 하심을 따라 다른 언어들로 말하기를 시작하니라."〈사도행전 2:1-4〉

그 때 부르던 노래가 있었다.

(술만 먹고 장구치고 죄만 짓다가 오늘 저녁 죽으면 어찌 하리요 유황불에 펄펄 끓는 지옥으로 슬피 울며 이를 갈며 끌려가겠네…….)

그리고 새벽기도도 빠지면 지옥에 가는 줄만 알고 열심히 교회를 다녔다. 신앙심이 생기면서 마음이 기쁘고 아버지가 아무리 핍박을 해도 행복했고 감사했다. 이상하게 신앙심 때문인지 몰라도 그런 아버지가 밉지가 않았다. 하루는 새벽기도를 하는데 갑자기 누가 내 뒤에서 몽둥이로 내리치는 것이었다. 아버지였다. 엄마가 미치더니 딸년까지 미치광이를 만들었다고 교회 다니시는 것을 반대하시며 핍박을 하셨다. 여전히 아버지는 변화되신 것이 없었다. 아니 변화되시는 것이 싫었을 지도 모른다.

나는 그 날 집에서 나와 깊어 가는 저녁 밤을 보리밭을 안방으로 삼고 잠을 자야만 했다.

"누가 우리를 그리스도의 사랑에서 끊으리요 환난이나 곤고나 박해나 기근이나 적신이나 위험이나 칼이랴." 〈롬 9:35〉

폐병말기로
세상을 떠나신 아버지

그리고 내가 16살 되던 해 그토록 핍박하고 폭력을 행하시던 아버지가 음력 1월1일 폐암 말기로 세상을 떠나셨다. 세상을 떠나기 전에 아버지가 나를 부르는 것이었다.

"명희야! 이리로 오렴 마지막으로 아버지가 우리 딸 손 한 번 잡고 싶구나."

나는 아버지의 손을 잡는 것이 싫었다. 또 끝까지 임종을 하면서까지 나를 때리는 것이 아닌가하고 무서웠다. 엄마는 아버지가 마지막으로 가시는 길이니 손을 잡아드려라 하시는 것이었다. 어쩔 수 없이 나는 손을 아버지께 내밀어 드리고 얼굴은 다른 데를 쳐다봤다. 그리고 죽어가면서까지 자리에서 벌떡 일어나 때리는 것이 아닌가 하고 겁을 먹었다. 그러나 아버지는 나에게 "명희야!

내가 그동안 잘못했다. 아버지를 용서해다오. 엄마와 동생을 잘 부탁한다. 이다음에 천국에서 다시 만나자." 하시고 세례를 받으시며 운명을 하셨다.(아버지! 이다음에 천국 가서 또 만나자고요? 거기 가서도 또 나를 몽둥이 들고 매질하시려고요? 싫어요, 안 만나고 싶어요. 천국 가서도 아버지한테 매를 맞고 싶지 않아요.)하고 속으로 생각했다. 그러면서 엉엉 울기 시작했다. 이젠 그렇게 나를 때리시던 아버지는 이 세상에 안계시다는 것이 믿어지지가 않았다. 아버지가 돌아가시기를 바랬는데 왠지 시원하면서도 허전했다. 갑자기 나는 큰 소리로 "아버지! 아버지!"라고 부르며 "아버지 죽으면 안돼요." 하고 눈물을 흘렸다. 그렇게 괴롭히시던 아버지는 가족을 남겨 둔 채 영원히 세상을 떠나셨다. 이상한 일이었다. 살아계실 때는 그렇게 원수같이 밉더니 막상 세상을 떠나고 안계시니 섭섭한 것이었다. 그래서 살아생전에 부모님께 효도를 해야 하는 것이라고 생각을 했다.

돌아가신 뒤에 후회하면 아무소용이 없다는 것을 더욱 깨달았다.

내 평생소원은 80세가 넘어 홀로계신 어머님을 마지막 한 번만이라도 돌아가시기 전에 잔치를 멋지게 하여 효도해 드리고 싶다. 그렇게 해드리지 못하는 딸 마음은 너무나 가슴이 아프다.

"어머님 사랑해요!"

아버지의 장례식 관을
구하러 가신 황 권사님

아버지 장례식을 치루어야 하는데 아버지 시신을 담을 관이 없었다. 그 때 사북교회에 다니시는 도장포를 하시는 황 권사님께서 우리 집안의 딱한 사정을 아시고 아버지 관을 사러 춘천 시내를 가셨다. 음력 명절이라 관을 파는 곳이 없었다. 그래서 수소문 끝에 찾아간 가게에 가서 관을 만들 베니 합판을 사서 머리에 이고 다니시며 버스를 기다렸지만 버스가 안 세워 주더라는 것이다. 결국 택시를 불러서 많은 돈을 주고서야 물건을 싣고 집에 오시게 되었고 관을 만들 수가 있었다. 그리고 아버지를 묻어야 할 산소의 자리가 없어서 사북교회 김용겸 장로님께서 묘지 자리를 해 주셨다. 사북교회 황 권사님과 김용겸 장로님 그리고 많은 분들의 따뜻한 사랑 덕분에 아버지의 장례식은 무사히 끝낼 수가 있었다. 어머니와 나는 너무나 많은 사랑을 받아서 은혜를 어찌 다 갚을 수가 있겠는가를 생각했다.

나는 그 후 일본에 오기 전까지 아버지 산소에 매년 찾아가 벌초를 해주었다. 또한 내가 없을 때 아버지 산소를 매번 관리해 주시고 벌초를 해주신 김용겸 장로님께 이렇게 글로서 베풀어주신 은혜에 다시 한 번 감사를 드립니다.

"모든 육체는 풀과 같고 그 모든 영광은 풀의 꽃과 같으니 풀은 마르고 꽃은 떨어지되 오직 주의 말씀은 세세토록 있도다."〈베드로전서 1:24〉

오빠에게
가짜 전보를 친 아버지

  우리오빠 이야기를 하고 싶다. 아버지가 살아계실 때 오빠가 객지에 나가서 집에 잘 오지도 않고 궁금하기도 하셨는지 아버지는 서울에 있는 오빠한테 가짜 전보를 쳤다. 내용은 아버지가 죽지도 않았는데 죽었다고 빨리 내려오라고 전보를 쳤던 것이다. 아버지는 하나밖에 없는 아들이 오랫동안 소식이 없자 보고 싶으셨나 보다. 오빠는 아버지의 위급한 전보를 받고 집에 달려왔다. 그러나 죽었다는 아버지는 살아 있는 것이 아닌가, 그 후 오빠는 실망을 감추지 못하고 서울로 돌아갔다. 아버지가 진짜 돌아가시자 엄마가 전보를 쳤지만 오빠는 믿지를 않았는지 장례식에 오지 않았다. 그 때 오빠는 두 번 다시 속지 않겠다고 생각했을 것이다. 할 수 없이 엄마는 나에게 편지 한 장을 써주면서 서울 오빠한테 갖다 주고 오라고 해서 엄마 심부름으로 서울에 올라가서 오빠에게 전달했지만 오빠는 믿어지지가 않았던지 내려오지 않았다.

아버지가 돌아가시고 난 뒤 이 집에서 산다는 것이 왠지 기분이 나빠지기 시작했다. 해가 넘어가고 저녁노을이 지면서 나는 부엌에서 밥을 하려고 불을 지피는 동안에 금방이라도 문 앞에서 돌아가신 아버지가 몽둥이를 들고 나타나는 것 같았고 꿈속에서도 나에게 나타나셔서 괴롭히시는 것이었다. "명희야! 나하고 같이 가자."라고 하시면서 내 손을 잡는 것 같고 매일 밤 꿈속에서 나타나시는 아버지에게 시달리는 악몽을 꾸었다. 꿈을 꾸고 나면 온 몸에 소름이 끼치면서 식은땀이 흐르고 몸이 약해지는 것이었다. 나는 도저히 무서워서 이집에서 살수가 없었다. 그래서 나는 엄마에게 말씀을 드렸다.

"엄마! 우리 이집에서 이사 가요, 매일 밤 아버지가 꿈속에 나타나서 나를 괴롭혀요. 다른 데로 이사 가요." 했더니 그 후 엄마는 이사 가기 위해 이사 갈 동네를 알아보셨고 짐을 싸기 시작했다. 그리고 여동생과 나 엄마는 춘천시 원평리 마을로 이사를 오게 되었다.

1968년
강원도 탄광지대에서

.

우리 엄마 이야기를 하고 싶다. 나는 엄마가 어린 시절 어떻게 살아오셨는지는 잘 모르지만 엄마한테 들었던 이야기를 하고 싶다.

엄마는 부잣집 큰 딸로 태어났고 부유한 가정에서 사랑받으며 부러울 것이 없는 생활을 하셨다. 엄마는 16살에 외할아버지가 억지로 결혼을 시켜서 한 것이 아버지를 만난 것이었다. 엄마는 그 때 당시 하인이 책가방을 들어주며 학교를 다니셨다고 한다. 엄마가 아버지를 잘못 만나 그토록 고생을 하신 것이었다. 6.25 사변 때 엄마는 충청북도에서 여군에 막 입대하셨고 또 여자경찰로 경찰서에 근무 하셨다고 한다. 그런데 아버지가 행방불명이 되어 엄마는 다니던 경찰서에 사직서를 내고 아버지를 찾아다니셨다고 한다. 그 때 당시 아버지는 한참 전쟁이 발발할 때 북한병사에게 잡혀 납치당했었다고 한다. 그러던 어느 날 아버지는 다시 북에서 북한 병사 한사람을 붙잡아 목숨을 걸고 삼팔선을 넘어 남한으로 건너왔다고 한다. 그리고 공을 세운 아버지에게 나라에서 훈장을 주셨는데 주위 사람들에게 자랑하다가 그만 훈장을 잃어버리셨다고 한다. 아버지는 그 때부터 폭력이 심해졌고 술로 살다 시피 하셨다.

훈장을 잃어버린 것으로 인해 받은 스트레스를 풀려고 엄마와 나에게 그렇게 모질게 한 것인지 몰라도 아버지가 살아계셨던 동안에 엄마와 나에겐 너무나도 힘들었던 생활의 나날이었다.

아버지는 한동안 강원도 사북탄광에서 전기통신 일을 하셨다. 그리고 엄마는 우리 집 안방에서 개척을 시작했고 많은 사람들이 모여들고 예배를 드렸다. 그런데 아버지는 일만 갔다 오시면 엄마와 오빠와 나에게 폭력을 휘두르며 칼을 들고 죽인다고 핍박을 하셨다. 그 때는 내가 초등학교 1학년 들어갔을 때였다. 오빠는 6학년이었다. 오빠는 나를 데리고 아버지를 피해 집 옆에 풀숲으로 숨었었다. 풀 속에서 귀뚜라미 우는 소리와 흘러가는 시냇물 소리가 들려왔다. 나무에는 다람쥐들이 올라갔다 내려갔다 하였다. 하늘에는 솔개들이 맴돌며 고추잠자리들이 친구가 되어주듯 우리 주변을 가득 메웠다. 오빠가 다람쥐를 잡아주기도 하였다.

어느 날이었다. 사북 초등학교 1학년 때 학교에서 우리반 선생님께서 학생들에게 모두 운동장으로 모이라고 하시는 것이었다.

학교 운동장에서 예방 주사를 맞기 위해 몇 시간씩 줄을 서야했다. 운동장에 뜨거운 햇빛이 온몸을 달구었다. 점점 내 순서가 다가오고 있었다. 가슴이 두근두근 거리며 주사 맞는 것이 두렵고 무서웠다. 나는 참지 못하고 "선생님! 저 화장실 갔다 오겠습니다."라고 말을 하고 화장실로 급히 달려갔다. 그런데 화장실 가고 싶어서 간 것이 아니라 주사 맞는 것이 싫어서 도망간 것이었다. 나는 화장실에서 몇 시간을 나오지 않고 구린내 나는 재래식 변소에서 냄새를 맡으며 끝날 때까지 3시간을 기다렸다. 그리고 선생님께 혼날까봐 교실에 들어가서 책가방도 가져가는 것을 잊은 체 집으로 돌아왔다. 아버지한테 실컷 혼났다. 나는 지금까지 50평생 예방주사라는 것을 맞아 본적이 없었다.

그렇게 세월이 흐르고 아버지의 핍박 속에서도 엄마는 계속 포기하지 않고 안방에서 예배를 계속 드렸고 밀려오는 탄광지대에 사는 주민들을 말릴 수가 없었다. 점점 부락 주민들 전체로 부흥이 되었고 지역이 복음화가 되었다.

그러나 얼마 후 아버지는 강원도 소양댐 공사 현장에서 일을 하시게 되었고 부득이 이사를 떠나야 하였기에 엄마는 그 때 부락 성도들을 탄광지대에 있는 사북교회로 보내고 이별을 해야만 했다. 그리고 아버지 직장을 따라 함께 떠나야만 했다.

엄마는
원평교회를 개척사역

아버지가 돌아가시고 난 뒤 우리는 원평리로 이사를 왔다.

엄마는 전도사님으로 원평 감리교회 개척사역을 하셨다. 사역하시면서 어려운 생활 속에서 자식을 키우셨다. 군인 부대가 모여있는 곳이라 많은 성도들이 모여 부흥되기 시작했다.

하지만 엄마는 동네에서 신앙을 믿지 않는 몇몇 사람들에게 핍박을 받기까지 하였다. 동네 무당까지 와서 마을에서 내 쫓자고 괴롭힘을 당했고 사역도 못하게 방해까지 했다.

하루는 엄마가 강대상에서 말씀을 전하고 있었는데 동네 청년들이 느닷없이 교회에 쳐들어와 도끼와 낫과 돌멩이를 들고 양동이에 물까지 담아 퍼붓기도 하며 난장판을 치기도 했다. 심지어는 교회 강대상에 올라와서 죽인다고 하며 성도들에게 돌을 던지기도 하였다. 그렇게 고통을 당하며 목회하시는 엄마를 보면서 자랐었다. 나는 그 때 어린마음에 '엄마는 왜 그렇게 힘들고 어려운 길을 가실까' 하고 이해를 할 수가 없었다. 그냥 평범하게 돈 벌어서 행복하게 살면 핍박하는 저 사람들한테 이런 고통과 고난을 받지 않을 텐데 하면서 아버지한테 핍박 받은 것도 모자라서 이젠 동네 청년들에게도 핍박을 받는가하고 생각하기도 했다. 그 당시 사례비는 5,000원이었고 그 돈으로는 우리식구 생활비도 안 되었지만 그래도 엄마는 한 영혼의 구원을 위해 열정적으로 기도하면서 피눈물을 흘리시고 부르짖어 가며 사역을 하셨다.

그렇게 엄마는 원평 감리교회를 사역 하시면서 지암리 마을에 있는 문 닫은 교회를 매일매일 가서서 예배를 드리셨다. 그것도 차비가 없어 원평리에서 지암리 마을까지 밤새도록 혼자서 걸어 다니시며 아침에 도착하여 영혼을 바라보며 지암리 교회를 문 열어 놓고 기도하시며 예배를 드리셨다.

그러는 가운데 기적이 일어났다. 어느 날인가 그렇게 핍박을 하였던 원평리 청년들이 귀신에 홀려 자리에 눕게 되었고 죽어가고 있었다. 엄마를 찾았던 것이다.

"전도사님! 빨리 오세요."

그들은 울면서 잘못했다고 빌며 하나님을 믿겠다고 하는 것이었다. 엄마가 그들을 위해 정성을 다하여 기도하였더니 귀신이 쫓겨나고 병 고침을 받았다. 그 후 청년들은 그 동안의 지은 죄를 뉘우치고 다 예수를 믿고 세례를 받아 교회에 충성하게 되었다. 그리고 점차적으로 원평 지역은 부흥의 불길이 퍼져나가기 시작했다.

　하나님을 안 믿던 사람들에게 전도가 되고 난 뒤 원평교회는 수많은 성도들이 꽉 차서 앉을자리가 없을 정도로 부흥이 되었다. 주변이 군인부대가 많아서인지 군인들이 많이 참석을 했고 동네 청년들 주민들이 많아졌다. 사역하시면서 땔감나무가 없어서 엄마는 나와 동생을 데리고 산에 가서 나무를 베어서 머리에 이고 내려오는 날이 많았다. 이런 모습을 본 동네 청년들이 다 함께 나서서 산에 가서 교회에서 필요한 땔감나무를 해오기 시작했다.

　그 때는 교회 안에 마루가 안 깔리고 바닥이 흙이어서 성도들이 각자 개울에 가서 깔고 앉을 돌멩이들을 들고 와서 앉아서 예배를 드렸다. 그러나 몇 년 뒤 하나님의 은혜로 교회에 마루를 깔게 되었고 엄마는 몇 년 사역하다가 다른 목사님을 모셔놓고 다시 화천군 덕촌 감리교회를 개척하셨다. 지금은 그 교회가 건축하여 예배를 드리고 있는 것으로 알고 있다.

　엄마는 덕촌 감리교회를 몇 년 시무하다가 사창리 감리교회로 심방전도사로 초빙 받아 사역하시게 되었다. 사창 감리교회는 김진수 목사님이 담임이셨고 교회도 크게 부흥이 일어났었다. 그리고 얼마 후 김진수 목사님께서 창원으로 떠나시게 되었는데 엄마도 함께 떠나시게 되었다. 그렇게 두 분이 떠난 뒤 교회는 두 개로 분열이 되어 갈려져 갔다고 한다.

엄마는 사창 감리교회를 떠나서 다시 오봉 감리교회를 개척하여 사역을 하셨다. 그러나 엄마도 연세가 들고 건강도 예전 같이 좋지 않으셨는지 사역을 그만두고 다시 서울로 올라오셔서 장안동에서 동일감리교회 전도사로 잠시 시무하셨다. 그것으로 엄마는 사명을 마치게 되었고 요양원에 잠시 계시다가 충청도에 사는 오빠가 모시고 가셨다. 어머님이 하신 많은 사역을 지켜본 나는 목회자들이 하나같이 다 가난하게 사는가보다 생각하여 엄마와 같은 목회자 길은 절대로 안가겠다고 결심 한 적도 있었다.

"또 내가 네게 이르노니 너는 베드로라 내가 이 반석 위에 내 교회를 세우리니 음부의 권세가 이기지 못하리라." 〈마태복음 16:18〉

서울에 간
18세 소녀의 꿈이 깨지는 날

　어느 날 원평초등학교 교장선생님이 우리 집에 찾아오셔서 학교에서 직원을 구하는데 와서 일을 해보지 않겠냐고 하시는 것이었다. 그 말을 듣고 나는 다른 생각할 것도 없이 바로 출근 하겠다고 말씀드렸다. 학교에서 주로 하는 일은 사무실 선생님들 심부름 일을 맡아서 하는 일이었다. 교육청에 다니면서 서류전달을 하였고 학교청소는 물론 학교에 손님이 오면 차를 내주고 나에게는 깨끗하고 일하기에 편안한 좋은 직장이었다. 비록 월급은 조금 받았지만 교장선생님은 정말 좋으신 분이셨고 나에게 너무 잘해주셨다. 또한 교장선생님은 딸이 입던 옷도 한 보따리씩 갖다 주시고 먹을 것도 우리 집에 갖다 주셨다. 나는 정말 좋은데 취직이 되어 보람찬 하루하루를 보내며 열심히 일을 하고 있었다.

　그러던 어느 날 서울 청량리에 살고 있었던 사촌언니가 우리 집에 찾아왔다. 나를 데리러 왔다는 것이었다. 언니는 음식 장사를 하고 있었다. 장사를 하다 보니 어린 조카 둘을 돌보지 못하기에 애들을 돌봐달라고 말을 하는 것이었다. 나는 어쩔 수가 없어서 그 동안 잘 보살펴주신 교장선생님께 말씀드리고 서울로 가기 위해 직장을 그만두겠다고 했다. 그러나 교장선생님은 서울 가는 것을 반대 하셨지만 나는 학교직장을 그만두고 청량리 언니 집으로 올라갔다. 그리고 조카들을 돌보며 서울생활에 적응을 하게 되었다. 그러던 어느 날 사촌언니가 외출을 한 뒤 집에 아무도 없었다. 사촌언니가 살고 있었던 집 주인 삼촌한테 속아 청량리 창녀촌 여인숙으로 끌려갔다. 도망갈 틈도 반항 할 틈도 없이 거대한 그의 손목에 잡혀 끌려가서 꼼짝도 못하게 가둬놓고 문을 잠가버렸다. 그 사람은 소리를 지르는 나의 입을 막아버렸다. 인간의 욕망을 채우기 위해 한 여자의 일생을 가볍게 망가뜨리고 다시 돌아올 수 없는 아름다운 날을 짓밟아 놓은 것이 양심의 가책이 없는 사람인가 보다. 그 사람은 사촌언니한테 이야기하면 죽인다고 협박을 했다. 내 나이 18살 나의 순결을 짓밟아 놓았다. 후들후들 떨리는 발걸음은 다리 밑으로 피를 흘리며 언니한테 이야기를 못한 체 집으로 돌아왔다. 소중한 나의 순결을 사랑하는 사람에게 주어야 하는데 사랑하지 않은 사람에게 빼앗기고 나니 너무 억울하고 분했다. 바보같이 순진하게 살아온 나는 무서운 세상에 가시밭 인생을 겪어야 할 운명을 처음으로 맞이하게 되었다. 서울이라는 곳이 그렇게 무서운 곳인지 몰랐다. 학교에서 근무할 때 교장선생님께서 서울 가는 것을 반대 하셨는데 그 때 말을 들었으면 좋았을 것을 이제 와서 후회한들 무슨 소용이 있겠는가. 나는 12살, 18살 두 번이나 성폭행을 당한 아픈 상처를 가슴에 안고 고향인 강원도 집으로 돌아왔다.

19세 결혼과 예쁜 딸

   내 나이 18살에 군인 남편을 만나 연애를 했다. 엄마가 그토록
반대하던 결혼을 하기로 했다. 내 나이 19세에 결혼식을 춘천시
춘일감리교회에서 올렸다. 하지만 결혼을 하고 나의 신혼생활은
얼마 가지 못하였다. 매일 동네에 살고 있는 무당이 찾아와 시어
머님께 며느리를 이혼시키라고 하면서 이혼을 안 하면 이집이 망
한다고 하는 것이었다. 그리고 남편은 술만 마시면 구타하기 시작
했다. 밤만 되면 남편은 나보고 숫처녀가 아니라고 늘 구박을 일
삼았다. 어느 놈하고 잤냐고 다구 치며 괴롭혀왔다. 나는 어둡고
캄캄한 밤이 오는 것이 두려웠고 차라리 밤이 없으면 좋겠다는 생
각을 했다. 밤이 찾아오는 그 날 밤은 남편은 변태같이 늘 과거를
들먹거리며 정신적으로 육체적으로 괴롭혀왔다.

   그 일이 참되어 그 처녀에게 처녀의 표적이 없거든 "그 처녀를

그의 아버지 집 문에서 끌어내고 그 성읍 사람들이 그를 돌로 쳐 죽일지니 이는 그가 그의 아버지 집에서 창기의 행동을 하여 이스라엘 중에서 악을 행하였음이라 너는 이와 같이하여 너희 가운데서 악을 제할지니라."〈신명기 22:21〉

결혼 전에는 혼인을 소중히 여기고 순결을 지켜야한다. 요즘 혼인 전에 순결을 경시하는 방향으로 흘러가고 있다. 하나님은 자녀들에게 거룩함을 요구하시고 계신다. 남자든 여자든 배우자를 위해 순결을 소중히 간직할 때 아름다운 결혼 생활을 누릴 수 있다고 생각한다. 무엇보다 하나님 앞에서 더욱 거룩한 영적 순결을 지켜야 할 것이다.

나는 결혼 후 목 부분에 치료 받았던 상처가 재발이 되었다. 병명은 무서운 염주창이었다. 피 고름이 줄줄 흘러내려 냄새가 심하게 나서 많은 사람들이 나를 피하게 되었다. 그런 가운데 모든 것을 꾹 참고 결혼생활을 지속해 보려고 노력해왔다. 그리고 임신 4개월이 되었다. 그런데 남편은 임신한 나를 개울가로 데려가 두들겨 때리기도 하였다. 그리고 목에 있는 상처까지 손을 대어 피가 온몸을 타고 내리기도 했다. 그렇게 모진 핍박 속에 시간은 흘러가고 결혼 한지 일 년이 되었고 내 나이 20살에 만삭이 된 나는 출산을 위해 친정집 화천군 사창감리교회 친정엄마가 전도사로 계시는 사택으로 갔다. 배에서 진통이 오기 시작했다. 엄마는 내가 몸을 푸는 중에 산파를 모시고 왔다. 사창감리교회 성도님들 몇 분이 오셔서 도와주시기도 했었다. 담임목사님 사모님께서는 어린 아들을 등에 업고 진통을 하고 있는 나를 잡아주셨다. 나는 이미숙 사모님을 있는 힘을 다하여 목을 잡고 몇 시간 진통 끝에 예쁜 딸이 울음을 터트리며 세상에 태어났다. 아빠가 없는 그 자리에 태어난 딸은 축복받으며 먼저 기쁘게 안아줘야 하는데 남편은 직장 문제로 오지 않았다. 아기한테는 미안한 마음뿐이었다. 그리고 친정집에서 몸조리하고 시댁 집으로 아기를 업고 돌아왔다. 아기가 태어나면서 조금씩 우리부부는 행복을 찾기 시작했다.

우리 부부는 춘천시에서 막국수 식당을 운영 하다가 장사가 되지 않아 식당 문을 닫고 서울로 직장을 찾아 나섰다. 그렇게 간 곳이 종로3가에 있는 피카디리극장 앞이었다. 그 당시 취업을 하기 위해 각지에서 몰려든 사람들이 이곳에서 취업이 알선되었기에 우리 부부만 있는 게 아니라 많은 사람들이 직장을 구하려고 모여들고 있었다. 남편과 나는 아기를 업고 어느 식당으로 일하러 들어가게 되었다.

그런데 한 살 된 아기가 어찌나 울며 보채는지 결국 우리부부는 식당에서 쫓겨나게 되었다. 아기를 데리고 일하는 곳이 없어 남편만 일하러 가고 나는 아기를 데리고 종가 5가에 허름한 여인숙 집으로 들어갔다. 하루 숙박비가 2,000원짜리 방이었다. 먹을 것이 없어 굶다보니 젖이 나올 리 없었고 아기는 젖을 빨아도 안 나오니 징징 울면서 자기가 똥을 싼 것을 주어먹기도 하였다.

도저히 배고픔을 참을 수가 없어 어디로 가야하나 생각한 것이 무작정 아기를 업고 여인숙 집을 나오게 되었다.

아기가 배고파해요.
밥 좀 주세요

밥 얻어 먹으로 기도원으로 찾아가기로 결심을 했다.

나는 이대로 앉아서 굶어죽을 수 없어서 급기야 아기를 업고 밥 얻어 먹으로 기도원으로 찾아갔다. 간 곳이 경기도 청평에 있는 한얼산 기도원으로 찾아갔다. 그 때에는 은혜 받으러 온 사람들이 엄청나게 많았다. 그 기도원에서 봉사자를 구한다고 해서 부탁을 했다. 공짜로 밥을 얻어먹는 것도 눈치가 보이기도 하고 그래서 기도원 담당자에게 봉사자로 써달라고 했다. 그러나 나는 거절당하고 말았다. 이름을 밝힐 수는 없지만 너무나 섭섭해서 다시 아기를 업고 울면서 서울로 돌아왔다. 다시는 그 기도원에 안가겠다고 결심을 하고 발걸음을 옮겨 오산리 기도원에 찾아갔었다.

생각한 나머지 굶을 바에야 차라리 금식하는 것이 좋겠다 생각하고 오산리 금식기도원에 찾아갔다. 그러나 이곳도 만찬가지로 나에게 밥 주는 사람이 없어서 아기와 나는 굶는 것이 일쑤였다. 나는 금식해도 되지만 배고프다고 울고 있는 어린 아기는 굶길 수가 없었다. 하루, 이틀, 삼일 그러나 아기는 젖이 안 나오니 울며 보챘다. 그러던 어느 날 어떤 성도님이 가르쳐 주었다.

대한수도원에 가면 공짜로 밥을 준다고 하여 아기 포대기를 2,000원에 팔아서 대한수도원에 가는 버스비를 만들어서 철원으로 향하는 버스를 탔다. 철원 터미널에 내렸다. 아기를 업은 채 한 손은 아기 옷과 기저귀 보따리를 머리에 이고 십리길이나 되는 비탈진 산길을 걸어서야 대한 수도원에 도착했다.

담당자를 찾아서 면담을 하고 부탁했다. "우리 아기가 배가 고파서 그러니 밥만 먹여주세요. 그러면 열심히 봉사 하겠습니다." 라고 사정했지만 집을 나온 문제 있는 여자로 보고 거절을 하는 것이었다. 뒤 돌아 가려고 하니 밥 한 끼는 먹고 가라고 수도원에서 카레 밥을 내 주어서 나는 눈물을 흘리며 퍼 먹었다. 카레 밥은 눈물로 채워져 음식이 싱거웠다. 그 날따라 카레 밥은 우리모녀를 불안하게 했다. 눈물 젖은 카레 밥을 먹고 나면 이젠 우리모녀는 어디로 가야 하나, 눈앞이 캄캄했다. 목이 메여 밥이 넘어가지 않았다.

아기 포대기를 팔아서 버스비를 했는데 어떻게 다시 돌아갈 것인가. 정말 차비도 없고 답답했다. 아기는 홍역을 하던 중이고 열이 펄펄 나서 목이 처졌다. 나는 지쳐서 더 이상 살아가기가 힘들었고 갈 곳이 없다보니 죽어야겠다는 생각만 했다. 수도원 옆에는 큰 개울이 있었다. 여름 장마 비가 억수 같이 내리치고 있었다. 개울물을 보니 무섭게 흘러가고 있었다. 나는 큰 바위에 올라가 몸을 던지려고 하였는데 아기가 얼마나 울어대는지 정말 견딜 수가 없었다. 물을 쳐다보니 무섭기도 했지만 자살하면 지옥 간다는 것이 눈앞에 떠오르는 것이었다. 나는 아기를 끌어안고 바위에서 엉엉 목을 놓고 울었다. "아가야! 미안해 엄마가 잘못했어, 안 죽을게." 하고 한없이 울었다. 여기서 이렇게 지체할 수가 없었다. 그래서 나는 수도원 등록실에 가서 차비를 빌려달라고 했다. 서울에 올라가면 꼭 갚아드리겠다고 2,000원을 빌려서 서울을 향해 올라왔다. 그리고 남편에게 전화를 걸었다. 남편이 돈을 20만원을 벌어 와서 우리 식구는 강원도 탄광 지대로 무작정 갔다.

엄마는 배 아파 울고
아기는 배고파 우네

남편은 탄광에서 일을 할 생각으로 떠났다. 청량리에서 강원도 함백역으로 갈 생각으로 무작정 몸을 싣고 떠났다. 드디어 함백역에서 내렸다. 겨울 날씨는 너무 추웠고 대합실을 빠져나오니 눈보라가 휘몰아쳤다. 아기를 업고 역전 대합실을 나오는 중 결국 나는 영양실조로 땅바닥에 쓰러지고 말았다. 옆에 있던 남편은 창피하다고 아기만 등에서 쏙 빼어 가는 것이었다. 그런 남편이 너무나 야속했다. 나는 죽을힘을 다해 살아보려고 남편을 따라 가야겠다는 마음으로 기어서 가다시피 쫓아가야만했다. 역전에서 얼마 안 걸리는 작은 동네가 있었다. 그곳에 한 달에 7,000원짜리 월세방을 얻어서 우리가족은 생활의 안정을 찾았다. 남편은 탄광에 취직해서 일을 하게 되었고 탄광에서 쌀이 공짜로 한가마가 들어오고 연탄을 주었다. 그 동안 너무 못 먹어서 쌀만 봐도 행복했고 매일 시도 때도 없이 밥을 해서 소금을 반찬으로 해서 먹었다. 그리고 눈 속에서 냉이를 캐서 반찬으로 대신하기도 했다. 밥맛은 너무나 꿀맛이었다. 그런데 문제가 생겼다. 밥만 먹으면 말라 비틀어진 창자가 뒤틀려 배가 아파서 데굴데굴 굴렀다. 그 동안 밥을 제대로 먹지 못하고 갑자기 무리하게 먹어서 그런지 위가 문제가 되었다. 그리고 매일 밤낮으로 소리를 지르면서 아프다고 하니 동네에서 주민들이 시끄럽다고 이사 가라는 것이었다. 몇 번씩 이사 갈 때마다 쫓겨나고 남편도 지칠 수밖에 없었다.

  하루는 남편이 탄광에 일하러 나갔는데 이른 아침부터 위가 뒤틀려서 방바닥을 데굴데굴 구르며 미친년처럼 소리치며 밖으로 나갔다. 그뿐만 아니라 이빨이 아파서 견딜 수가 없어 약국으로 달려가서 "제발 통증이 사라지는 약을 주세요."라고 말하고 약을 먹었지만 소용이 없었다. 그 때 나는 배가 남산만 하게 불렀다. 둘째 아기인줄 알았다. 그런데 갑자기 배가 너무 아파서 지나가는 사람을 붙들고 사정을 하였다. "여보세요! 나를 병원에 데려다 주세요. 살고 싶어요, 부탁드려요 살려 주시면 은혜를 잊지 않겠습니다."라고 했지만 모두가 거절을 했다. 정신이상자로 봤는지 아무도 봐주지를 않았다. 할 수 없이 집으로 돌아왔다. 저녁때까지 울부짖은 탓에 목이 쉬었다. 아기는 종일 굶고 배가 고프니 방 한쪽에서 사과를 물면서 울고 있었다. 동네 반장이 너무 시끄러우니까 결국은 나를 가까운 병원으로 택시를 타고 데리고 갔다. 아기는 동네 아줌마가 업고서 병원까지 따라오셨다. 병원에 들어서자 의사는 진찰을 하더니 왜 이지경이 되도록 놔두었냐고 하면서 우리병원에서는 불가능하니 원주시에 있는 큰 병원으로 가라는 것이었다. 그런데 모두 거절을 하는 것이었다. 가다가 죽으면 책임을 져야하기에 못 간다고 해서 나는 병원 문밖에서 문을 두들기며 "선생님 살려주세요." 하고 소리쳤다.

포도알 임신으로
기적을 체험하다

　병원 안에선 아무대답이 없었다. 결국엔 할 수 없이 동네 주민들과 나는 택시를 타고 함께 집으로 올 수밖에 없었다. 내 몸은 점점 싸늘해지기 시작했다. 그리고 하나님 살려주세요. 부르짖을 힘도 빠지고 눈물도 말랐고 이렇게 죽어가는 거구나라는 것을 느꼈다. 딸은 엄마가 죽어가는 모습을 보면서 안 나오는 젖을 울면서 빨고 있는 것이었다. 그리고 몇 시간이 흘렀다. 갑자기 누가 내 이마를 만지는 것이었다. 눈을 떠보니 희미하게 보이는 그림자가 있었다. 남편이 소식을 듣고 먼 곳에서 달려온 것이었다. 택시 기사가 안 돼 보였는지 남편이 일하는 곳까지 찾아가서 데리고 온 것이었다. 그리고 엄마도 옆에 보인다. 동네에서 이장님이 사창감리교회 전도사로 시무하고 계시는 엄마께 전보를 치셨다. 딸이 아프다는 전보를 받고 엄마는 급히 함백까지 찾아오신 것이었다.

엄마는 딸을 살려보려고 남편과 의논을 해서 아기는 남편에게 맡기고 나를 데리고 사창감리교회 사택으로 왔다. 밤낮으로 눈물로 기도하시는 엄마는 나를 데리고 춘천시 병원에 찾아갔다. 검사를 받아보니 임신은 맞지만 아기가 아니고 다른 것이 임신이 되어 있었다. 포도알 임신이었다. 초음파 기계로 검사할 때보니 뱃속에 수 만 마리 개구리 알처럼 퍼런 것이 들어있었다. 수술을 해서 자궁을 들어내야 한다고 했다. 그런데 시어머님은 반대하셨다. 아들을 더 낳아야한다고 수술을 못하게 했다. 의사는 자궁에 포도 알만 긁어내면 뿌리가 남아있어 암이 재발한다고 했다. 산모가 잘못하면 죽는다고 했다. 친정엄마는 할 수 없이 하나님께 기도하여 고쳐보리라 생각하고 전적으로 생명의 기도를 시작하셨다. 그리고 사창감리교회 700명이 되는 담임목사님과 성도님들의 기도가 매일 끊어지지가 않았다. 엄마도 매일매일 딸을 위해 눈물의 기도가 마를 날이 없이 옆에서 항상 지켜보고 돌봐주셨다. 그리고 3개월 만에 주님의 기적을 체험하게 되었다. 그토록 울부짖는 엄마의 기도를 하나님께서 들어주셨다. 몸에 기적이 나타났다. 남산만 하던 배가 꺼지면서 방귀가 나오고 밑으로 핏덩어리가 쏟아져 내렸다. 시꺼먼 덩어리가 10일간 계속 멈추지 않고 쏟아져 내렸다. 그리고 그렇게 뚱뚱한 배는 어디로 갔는지 홀쭉해졌다. 그 후에 삼각산 기도원에서 장안동 최준호 목사님께서 신유집회를 한다고 해서 나는 아직 정상적인 몸이 아니었지만 버스를 타고 기도원에 올라갔다. 은혜를 받고나서 기도도 열심히 하고 밥도 잘 먹고 소화도 잘 되어서 차츰 건강이 회복이 되었다. 회복된 후 남편과 아기가 기다리고 있는 함백 집으로 돌아갔다. 투병생활을 할 때 남편은 한 번도 나를 찾아와 주지 않았다. 그 날 밤 집에 도착한 나에게 또 다시 끝나지 않은 절망의 순간이 나를 기다리고 있었다.

도망간 남편과
아기를 찾아서

  집은 온데 간 데 없어지고 살림살이도 없고 보고 싶은 아기도 없었다. 옆집에 물어보니 남편은 다른 여자와 서울로 함께 떠났다고 말하였다. 내가 아파서 사경을 헤맬 때 남편은 한 번도 나를 들여다보지 않고 딴 짓을 한 것이다. 나는 그 때 남편과 딸을 찾으러 서울 가는 밤 열차를 타고 서울 시내 여기저기를 다니기 시작했다. 딸과 남편은 도대체 서울 하늘아래 어디에서 살고 있는 걸까. 어디 가서 남편을 찾을 수 있을까라는 생각을 하며 찾느라고 1년을 고생했다. 잠 잘 곳이 없어 서울 길거리나 천막에서 잠을 자고 지금말로 하면 노숙자 생활과 같았다. 친구네 집에도 가끔 가서 자기도 했다. 비닐 가마니를 깔고 덥고 배고픔을 곯아가며 달래야 했다. 신발도 헤어지고 맨발로 하염없이 서울 하늘아래 어디에 있을 아기와 남편의 이름을 불러보았다.(은애야…은애 아빠… 어디 있어. 아가야, 보고 싶어.) 넓은 서울 시내 어디에서 찾는단 말인가?

내가 배고프고 병들어 사경을 헤맬 때 남편은 다른 여자와 행복하게 잘 먹고 잘 살았다. 나는 갈 곳이 없어 내가 천막에서 비닐 가마니를 덥고 또는 산에서 잠을 자고 있을 때 수유리에서 살고 있던 친구 박현숙 전도사님이 있었다. 그 친구는 밥죤스 신학대학교에 다녔다. 학교 갈 때마다 내가 있는 천막으로 도시락을 싸다가 주고 가셨다. 박현숙 전도사님 아버지는 여의도 순복음교회를 다니셨다. 박현숙 전도사님과 성북경찰서를 지나가고 있었는데 우연히 남편을 경찰서 앞에서 만났다. 그렇게 찾아다니던 남편을 1년 만에 만난 것이다. 남편은 근처에서 일을 한다고 했다. 남편에게 이야기를 들어보니 이미 처녀와 살림을 하고 있었으며 임신까지 해서 만삭이 되었다고 한다. 나는 2살 된 딸이 보고 싶어 만나게 해달라고 애원하여 찾아갔더니 딸은 엄마인 나를 몰라보고 서울 아줌마로 부르는 것이었다. 그 여자는 나를 보는 순간 무엇이 두려웠는지 방 한 구석에서 쭈그리고 앉아 있는 모습이 보였다. 내 딸이 자기를 낳아준 엄마를 몰라보고 아줌마라고 부를 때 내 가슴은 억장이 무너지듯 너무나 아팠다. 오랜만에 만난 남편이었지만 아기랑 함께 밥 한 끼를 먹어보지 못하고 배고픈 체 새엄마의 눈치를 보고 떠나와야 했다. 그 후 나는 남편에게 위자료 한 푼도 못 받고 22살에 합의 이혼을 해주었다.

김치가 아까워서
식중독

　서울에서 돈암동에 월세방을 얻어놓고 있을 때였다. 이혼한 후 충격으로 또 다시 혹독한 병에 걸렸다. 먹을 것이 없어 라면에다 김치를 넣고 끓여서 먹고 냄비에 남은 김치가 아까워 3일간 참고 있다가 배가 고파서 다시 그 국물에다 국수를 넣고 끓여 먹었다. 그리고 직장에 출근을 했다. 오후가 되자 아침에 먹은 라면이 문제가 되었다. 3일 동안 배고픔을 참다가 김치가 들어있는 라면이 곰팡이가 하얗게 된 것도 모르고 떡으로 보이기에 먹은 것이 문제가 된 것이었다. 그리고 식중독에 걸려 병원에 찾아갔지만 치료가 어려웠다. 목에서는 연주창 피 고름이 줄줄 흘러나오고 머리부터 발끝까지 가려워 드라이 빗으로 벅벅 긁었다. 온몸이 상처투성이고 형체를 알아보지 못할 정도로 상처가 흉했다. 또한 아무도 날 찾아오는 사람도 없고 친구도 가족도 이웃도 아무도 나를 위로할 사람이 없었다. 형제들마저도 외면했다. 외로운 빈방에서 처량하게 엉엉 울면서 뒹굴기도 하였다. 화장실도 갈수가 없었다. 발바닥까지 정수리가 나서 걷지를 못했다. 며칠씩 굶어야 했다. 직장에서도 나오지 말라는 연락이 왔다. 22살에 이혼을 당한 나는 병으로 인하여 엄청난 고난이 시작 되었다. 복막염까지 오고 폐병에 심장 여러 가지 합병증이 와서 손을 댈 수가 없었다. 할 수 없이 도움을 청해야만 했다. 이웃집 아줌마가 청량리에 살고 계시는 사촌언니에게 전화해서 오라고 했다. 그리고 사촌언니가 찾아와서 나를 데리고 청량리 언니 집으로 가게 되었다. 미안하지만 어쩔 수 없어 사촌언니에게 다시 한 번 신세를 져야하는 상황으로 엮어졌다.

믿는 자들에게 이런 표적이 따르리니 곧 그들이 내 이름으로 귀신을 쫓아내며 새 방언을 말하며 뱀을 집어 올리며 무슨 독을 마실지라도 해를 받지 아니하며 병든 사람에게 손을 얹은즉 나으리라 하시더라. 〈마가복음 16:16-17〉

주여.
나의 병든 몸을 고쳐주소서

    사촌언니는 형부 모르게 초등학교 다니는 조카 방에 나를 숨겨 놓고 형부 눈치를 보면서 한 달을 어린 조카 방에서 투병 생활을 하였다. 아파도 소리 내어 울지도 못하고 형부에게 들켜서 쫓겨날까 두려워 이불을 뒤집어쓰고 입에다 수건을 넣고 조용히 울어야 했다. 초등학교 다니는 조카는 학교 갔다 와서 방에 있는 요강에 냄새나는 오줌똥을 받아냈다. 사촌언니는 청량리에 있는 성바오로 병원에 근무하는 의사를 모시고 와서 나는 집에서 치료를 받을 수 있었다. 그러나 차도가 없었다. 얼굴과 온몸이 형체를 알아볼 수가 없을 정도로 부어올랐다. 내가 정말 사람인가, 짐승인가, 죽음이 나를 피하는구나. 내가 앓는 소리가 물이 쏟아지듯이 두렵고 지치게 했다. 그 당시에 내게는 평안도 없고 휴식도 눈물조차 숨어버린 채 고통스럽게 불안이 나를 계속 기다리고 있었다. 드라이빗으로 머리부터 발끝까지 가려워 견딜 수가 없어 살점이 떨어져

나가도록 종일 앉아서 벅벅 긁어댔다. 22살의 아름답던 젊은 나이의 모습은 어디로 갔는지 형체를 찾아볼 수가 없었다.

"사탄이 이에 여호와 앞에서 물러가서 욥을 쳐서 그의 발바닥에서 정수리까지 종기가 나게 한지라 욥이 재 가운데 앉아서 질그릇 조각을 가져다가 몸을 긁고 있더니."〈욥기서 1:7-8〉

욥의 시련이 간절하게 생각이 났다. 나는 그 때 살아갈 희망마저 잃어버린 체 낙심과 좌절에 빠져야만했다. 내가 왜 살아야 하나, 배고픔과 병은 계속 나를 괴롭히고 있었다. 누더기 같은 내 몸을 가만히 두지 않았다. 나의 입술은 말라버린 짐승의 가죽 같았고 나의 고통과 괴로움은 저울에 올려도 계산할 수 없을 정도로 답이 나오지가 않았다. 내 몸에서 달아오르는 그 고통은 바닷가에 셀 수 없는 모래알과 같았다.

"이르되 내가 모태에서 알몸으로 나왔사온즉 또한 알몸이 그리로 돌아가올지라 주신 이도 여호와시요 거두신 이도 여호와시오니 여호와의 이름을 찬송을 받으실지니이다 하고."〈욥기서 1:21〉

죽고 싶었지만 그러나 죽는 것도 마음대로 되지가 않았다. 내가 이렇게 살아서 남에게 피해만 주고, 보고 싶은 딸도 못 만나고 이렇게 살아간들 무슨 의미가 있나 하고 엉엉 울기만 했다. 그래도 나는 하나님을 원망할 수도 없었고 누구 탓이라 돌리지도 않았다. 내게는 사랑하는 남편도 자식도 친구도 모두 내 옆을 떠나버린 체 외로움과 고독은 나의 심장을 찌르고 있었다. 그러나 믿음의 뿌리는 있었는지 자살하면 지옥 간다는 말을 들어서 그런지 두려웠다. 죽자니 지옥이요, 살자니 힘들고, 할 수 없이 하나님께 부르짖었다.

"하나님! 하나님! 살려주세요. 내가 너무나 고통스러워 조카 침대에서 한 달째 괴롭고 고통스러워하나이다. 조카 침대가 몸에서 나온 진물과 피 고름에 절어서 심하게 악취가 납니다. 사촌언니와 조카에게 미안해서 견딜 수가 없습니다. 주여! 나의 병든 몸을 고쳐주소서. 살려만 주시면 신학교에 들어가서 열심히 공부하여 주님의 일을 하겠습니다."라고 서원기도를 하였다.

괴로운 나날 속에 주님의 응답을 간절히 기다리며 고통의 신음 소리를 막기 위해 수건으로 다시 입을 막았다. 주님은 나의 고통의 기도를 외면하지 않으셨다. 그 후 신기하게 그렇게 나를 괴롭히던 나의 몸에서 점점 가려움증은 사라지고 몸에는 딱지가 앉아서 비늘같이 떨어지기 시작했다. 그리고 부드러운 아기피부와 같이 바뀌고 온전한 피부로 회복되었다. 나는 감사의 눈물을 하염없이 덥고 있는 이부자리로 흘러내리며 찬송을 불렀다.

찬송가 528
1.주여 나의 병든 몸을 지금 고쳐주소서

모든 병을 고쳐주마 주 약속하셨네

2.주여 당신 뜻이라면 나를 고쳐 주소서
　머리위에 기름 붓고 주 앞에 엎드려

3.주를 위해 살겠으니 나를 고쳐 주소서
　내게 속한 모든 것은 다 주의 것이니

4.나의 병을 고쳐주심 내가 믿사 옵니다.
　지금부터 영원토록 주 찬송하겠네

후렴 성령이여 강림하사 능력 있는 손을 펴서
나의 병을 고쳐주심 참 감사합니다.

박응순 전도사님과
만남

　장안동 동성교회 박응순 전도사님(현 인천 주안 중앙교회 당회장)을 만나게 되었다. 그 당시 장안평 세계선교회 천막대성회가 있었다. 미국에 데니스군델 목사님이 오셔서 집회를 하셨다. 박응순 전도사님은 그 당시 찬양인도하시면서 천막을 관리하며 순찰을 하시면서 동성교회 전도사님으로 사역을 하셨다. 박응순 전도사님을 만나 상담을 하면서 기도를 받았고 나는 동성교회 다니면서 갈 곳이 없어 교회 안에 의자에서 잠을 자기도 했고 공장에 다니면서 일을 하기도 했다. 그러나 아기를 분만한지 얼마 안 된 몸이라 체력이 약해진 나는 더 이상 일을 할 수 없게 되자, 오고 갈 때가 없는 나를 박응순 전도사님 어머님 신언숙 권사님께서 집으로 오라고 하여 그곳에서 잠시 거처를 하며 먹여 주시고 재워 주시고 보살펴 주셨다.

　나는 각종 병 때문에 목에서 피 고름 때문에 냄새나고 악취가 진동을 하여 많은 사람들이 내 옆을 피하는데 불구하고 또한 남편에게 버림받은 한 여인에게 박응순 전도사님은 매일 나를 위해 정성껏 기도해 주시며 나쁜 곳으로 빠질까봐 주님의 사랑으로 보살펴 주셨다. 그렇게 나를 괴롭혔던 목에서 흘러내리던 염주창 병마가 떠나고 주님의 은혜로 깨끗하게 고침 받고 건강을 회복하게 되었다. 얼마 있다가 나는 박 전도사님 집을 떠나오게 되었다. 박응순 전도사님께서 어디로 이사 가셨는지 동성교회를 그만두시고 소리 없이 이사를 가셨기에 무척이나 섭섭했었다. 어디 가셔서 사역을 하고 계시는지 만날 길이 없었다.

남편에게 버림받고 병마에 시달리며 마음에 상처와 정신적인 고통에서 홀로 싸워야 했던 그 당시 버림받았던 한 여인에게 외면하지 않고 한없는 주님의 사랑을 가슴에 심어놓고 훌쩍 떠나버리신 신언숙 권사님과 가족을 찾을 길이 없었다. 언젠가 다시 만날 것이라. 언젠가 베풀어 주신 은혜 갚을 날이 꼭 올 것이다,라는 기대와 소망을 갖고 몸소 영혼 사랑을 가슴에 품고 실천하신 박응순 전도사님 믿음을 보고 더 없는 감동을 받았다. 그분처럼 신앙이 진실 되고 열정적이고 영혼 사랑하시는 그런 분을 나는 처음으로 하나님께서 보내주시는 아름다운 천사의 모습으로 보았다. 나 역시 그런 신앙으로 본받아 살기를 원했으며 내가 꼭 세상에서 죽지 않고 살아있다면 언젠가 성공의 모습으로 만나 뵙기를 소망하며 꿈을 포기하지 않았다.

"하나님! 하나님! 제가 꼭 목사가 되어 다시 만나게 해주세요!"

하며 사모하는 마음으로 기도했다. 박응순 목사님은 영적인 나의 아버지요 은인이고 나를 신앙으로 이끌어주신 분이시기에 존경하며 주안에서 사랑합니다. 그 후 제가 일본에서 선교사역하면서 연락처를 알 길이 없어 114에 문의를 했더니 24년 만에 인천주앙중앙교회 사역하시는 것을 알게 되었고 주님의 은혜로 다시 만나 뵙게 되어 너무나 기쁘고 감사했다. 주안에서 다시 만나게 해주신 하나님께 영광을 돌립니다. 그 당시 박응순 전도사님께서 저를 위해 기도해 주시면서 찬양을 불러주시던 곡이 있었습니다. 많은 위로와 힘이 되었습니다.

"오라 우리가 여호와께로 돌아가자 여호와께서 우리를 찢으셨으나 도로 낫게 하실 것이요 우리를 치셨으나 싸매어 주실 것임이라."〈호세아 6:1〉

복음성가: 탕자처럼, 258
1.탕자처럼 방황할 때도 애타게 기다리는
  부드런 주님의 음성이 내 맘을 녹이셨네
  오주님 나 이제 갑니다 날 받아 주소서
  이제는 주님만 위하여 이 몸을 바치리라

2.불순종한 요나와 같이도 방황하던 나에게
  따뜻한 주님의 손길이 내 손을 잡으셨네

오주님 나 이제 갑니다 날 받아 주소서
이제는 주님만 위하여 이 생명 바치리다

3. 음탕한 저 고멜과 같이도 방황하던 나에게
   너그런 주님의 용서가 내 맘을 녹이셨네
   오 주님 나 이제 갑니다 날 받아 주소서
   이제는 주님만 위하여 죽도록 충성하리

복막염 병과
엄마의 사랑

　그 후 장안동으로 엄마가 동생을 데리고 이사를 오셨다. 그리고 장안동에 있는 동일감리교회 전도사님으로 사역을 하셨다. 엄마와 동생 나는 지하방을 얻어서 함께 살고 있었는데 또 다시 나에게 멈출 줄 모르는 혹독한 병마가 찾아왔다. 복막염 합병증이었다. 오줌똥을 엄마가 다 받아내시고 매일 엄마는 나를 업고 버스를 타고 답십리에 있는 의료병원에 치료를 받으러 다니셨다. 병원에서는 도저히 우리 병원에서는 못 고치니 큰 병원으로 가라는 것이다. 큰 병원에 갈 돈도 없었지만 엄마는 딸을 살리기 위해 의사 선생님을 붙들고 사정을 하셨다.

　"선생님! 하나님께서 우리 병을 치료하시는 것을 보여주셨습니다. 그러니 도와주십시오."

　엄마의 간곡한 부탁에 의사 선생님은 감동을 받으셨는지 병원비를 감량해 주셨다.

"그가 찔림은 우리의 허물 때문이요 그가 상함은 우리의 죄악 때문이라 그가 징계를 받으므로 우리는 평화를 누리고 그가 채찍에 맞으므로 우리는 나음을 받았도다."〈이사야 53:5〉

나는 엄마와 가족이 나 때문에 고통당하시는 것을 참아 더 이상 볼 수가 없었다. 나도 병 때문에 인간의 한계가 왔다. 쉴 새 없이 끝나지 않는 병마 때문에 너무나 아프고 괴로웠다. 너무나 고통스러울 때는 죽는 생각밖에 나지 않았다. 자살하자는 절망의 생각이 나의 마음을 사로잡았다.(차라리 죽자! 죽자!) 하고 마음을 다짐하고 기어나가서 쥐약을 구입해왔다. 나라는 인간이 왜 세상에 태어나서 엄마와 가족을 괴롭히는 것일까. 그리고 나 한 사람만 없으면 모두 편안할 텐데 죽어야지 하며 쥐약을 준비하여 먹으려고 하니까 엄마는 엉엉 울며 대성통곡을 하시는 것이었다.

"네가 쥐약 먹고 죽는 것을 보려고 지금까지 고생하며 미역국 먹고 낳은 줄 아느냐." 하시면서 뜨겁게 목이 쉬도록 우시는 것이었다. 엄마의 눈물을 보니 차마 쥐약을 먹을 수가 없었다.

엄마는 나에게 "네가 죽을힘이 있거들랑 악착 같이 살아 이것아……." 나는 엄마의 눈에서 피눈물 나는 모습을 보니 엄마가 측은하고 불쌍해 보였다. 엄마는 내가 어려서부터 아플 때마다 머리에 손을 얹고 또는 무릎에 눕혀놓고 쓰다듬어 주시면서 밤이고 낮이고 나를 위해 눈물의 기도가 끊어지지가 않으셨다.

그리고 성경말씀을 읽어주시곤 했다. 나는 고통스러울 때마다 "엄마, 난 사람이 아닌 가봐 병마가 나를 떠나지가 않아. 너무 아파 미안해 엄마. 나 때문에 고생만 하시고 나 같은 것은 낳지 않았더라면 좋았을 텐데. 엄마! 안 죽을게 울지 마 엄마." 하고 울면서 죽을 수가 없었다.

죽는 것을 포기하고 쥐약을 내 던져버렸다. 하나님께 기도했다. 그래 살자. 악착같이 살자. 엄마를 봐서라도 죽지말자 결심을 하고 나는 얼마 안 되어 엄마의 기도덕분에 다시 살아나 오산리 기도원으로 갔다. 나는 그 후 엄마의 기도와 간호로 기적과 같이 건강이 회복되었다. 엄마는 그 후 오빠가 와서 지하방을 빼서 엄마를 모시고 가셨다. 나는 갈 곳이 없어 동성교회에서 생활을 하다가 수유리로 옮겼다.

찬송가 304장
1.어머님의 넓은 사랑 귀하고 귀하다
　그 사랑이 언제든지 나를 감싸줍니다.
　내가 울 때 어머니는 주께 기도드리고
　내가 기뻐 웃을 때에 찬송부르십니다.

2.아침저녁 읽으시던 어머님의 성경책
　손때 남은 구절마다 모습 본 듯합니다
　믿는 자는 누구든지 영생함을 얻으리
　외워주신 귀한말씀 이제 힘이 됩니다.

두 번째 재혼과
실패

　재혼한 남편은 총각이었지만 다리 한쪽을 절었고 장애자였다. 나는 내가 만나는 사람은 돈이 없고 가난해도 나 한사람만 사랑해주면 되지 하고 없는 사람을 선택하여 결혼을 하기로 했다. 결혼식은 하객들이 조촐한 가운데 예식장에서 올렸다. 우리 부부는 수유리 사랑의 교회를 함께 다니며 신앙생활을 열심히 했었다. 나는 집사로 사명을 맡아서 열심히 봉사했다. 남편은 교회에서 심방오거나 구역예배를 드리는 날이면 꼭 간식을 준비해서 냉장고에 넣어주고 직장에서 일을 마치고 돌아오는 시간이면 백화점에 들려 옷을 사다가 잠자고 있는 내 머리 위에다 가만히 놓고 가기도 했다. 남편은 버스 운전수였다. 정말 착한 사람이었는데… 나는 그곳에서 기도하면서 봉천동 장로교 신학교에 들어갔다. 남편이 등록금을 해주었다. 졸업을 할 때까지 몇 년을 뒷바라지를 한 것이다. 그런데 남편의 누나들이 대를 이을 자손을 낳아야 한다고 했다. 아기를 낳지 못하는 나는 늘 자책감에 못 이겨 견딜 수가 없었다. 나는 끝내 아기를 낳지 못하는 시련을 극복하지 못하고 남편에게 이혼을 요구했다. 결국 결혼 4년 만에 이혼의 쓴 맛을 겪고 헤어져야만 했다. 정말 좋은 사람이었는데 죄송하기만 하다……. 어디서 살고 계시는지 행복하시기를 기도드립니다.

1990년
교회 전도사로 부임하다

나에게 하나님께서 인도하신 교회가 있었다. 상계동 새 이름교회, 방학동 장로교회에서 심방 전도사 교육전도사로 부임하여 몇 년을 열심히 사역을 한 결과 교회가 크게 부흥이 되었다. 처음에 부임할 때는 교인이 몇 명뿐이었다. 개척교회를 부흥시키기 위해 열심히 어린이들을 전도한 결과 주일학교가 많이 늘어나면서 어른들도 부흥되기 시작했다. 그 당시 7개월 만에 약 70명가량의 성도들이 모였다. 사명의 불이 활활 타오르던 열정으로 최선을 다하여 열심히 사역을 했었다. 그러던 어느 날 나는 개인적인 사정이 있어 섬기던 교회에서 성도들에게 인사 없이 조용히 담임목사님께 사표를 내고 서울을 떠나게 되었다. 또한 빼앗겼던 딸을 초등학교 3학년 때 데리고 와서 키우게 되었다. 새 엄마가 자기 자식을 낳자 딸을 구박하게 되서 내가 키우기로 하고 데려왔다. 그리고 이삿짐을 챙겨서 강원도 춘천으로 내려갔다.

"너는 일어나 저 큰 성읍 니느웨로 가서 그것을 향하여 외치라 그 악독이 내 앞에 상달되었음이니라 하시니라 그러나 요나가 여호와의 얼굴을 피하려고 일어나 다시스로 도망하려 하여 욥바로 내려갔더니 마침 다시스로 가는 배를 만난지라 여호와의 얼굴을 피하여 그들과 함께 다시스로 가려고 배삯을 주고 배에 올랐더라."〈요나서1:2-3〉

딸과
헤어져야 하는 아픔

나는 교회에 사역을 그만두고 강원도 춘천시로 무작정 딸과 함께 이사를 오게 되었다.

춘천시 소양강 다리 옆에 조그마한 월세 방을 얻어서 딸하고 함께 생활을 했다. 딸하고 먹고 살아야 하기에 식당에 다니며 열심히 일을 했다. 가는 곳마다 열심히 일을 했지만 월급받기가 어려웠다. 정말 싸워가면서 받을 수도 없고 인건비를 못 받은 곳이 한 두 군데가 아니었다. 그래서 점점 생활하기가 어렵게 되자 딸이 말없이 내색하지 않고 굶어가면서 소양초등학교까지 10리길을 걸어 다녔다. 나는 자식을 잘 키워 보려고 열심히 일을 했지만 주인이 돈을 주지 않아 중학교도 못 보내게 되었다. 고생은 나 하나로 끝나기를 원했고 딸 만큼은 고생시키고 싶지 않았다. 그렇지만 세상일이란 마음대로 안 되는 것이었다. 우리 딸 은애는 초등학교만 겨우 졸업시키고 헤어지기는 싫었지만 지금 나에게 처해있는 형편이 어렵다보니 모질지만 딸을 아빠한테 보낼 수밖에 없었다. 딸에게 약속했다.

"은애야! 6개월만 아빠한테 가 있어 그동안 돈 벌어서 다시 데리러 갈께."라고 말했지만 은애는 "엄마! 지금 나를 보내면 나 소양강물에 빠져 자살할 거야. 나 보내지 마, 탤런트 최진실은 엄마가 보따리 장사해서 키웠대요. 엄마가 나를 고생해서 키워주면 이다음에 내가 커서 엄마한테 효도할게. 그러니 함께 살자, 응 엄마! 지금 나를 아빠에게 보내면 이다음에 커서 엄마를 찾지 않을 거야." 하며 "안 갈 거야, 안 갈 거야." 하며 엉엉 우는 딸을 보며 나는 내 가슴을 망치로 내리치는 것 같이 너무 아팠다.

은애는 엉엉울면서 "엄마! 그러면 어린이 공원이라도 마지막으로 데리고 가 그러면 아빠한테 갈께." 하고 애원하는 딸의 소원을 무시하고 나는 냉정하게 눈물을 감추고 돌아섰다. 그렇게 가지 않겠다고 하는 딸을 할 수 없이 강제로 떠나보내야만 했다. 그 당시 나는 공원에도 갈 수 없을 정도로 형편이 어려워 딸의 마지막 소원도 들어주지 못했다. 그리고 지금도 나는 딸에 대한 죄책감이 남아있어 눈물로 회개하며 지내고 있다. 주변에 많은 사람들이 한마디씩 한다. 그 예쁜 딸을 왜 보냈냐고 하면서 우는 사람도 있었다. 딸은 지금까지도 나를 오해 하며 만나주지를 않는다. 만나면 꼭 공원에 데리고 가고 싶고 고기를 사 먹이고 싶다. 그 때 못 이룬 소원을 들어주고 싶다. 그 당시 내가 몸이라도 파는 것을 알았으면 딸을 보내지 않았을 것이고 끝까지 키웠을 텐데, 그 때는 내 자신이 너무 세상물정을 몰랐었고 세상인생사가 마음대로 되지 않았었다.

"아버지와 어머니를 나보다 더 사랑하는 자는 내게 합당하지 아니하고 아들이나 딸을 나보다 더 사랑하는 자도 내게 합당하지 아니하니라 또 자기 십자가를 지고 나를 따르지 않는 자도 내게 합당하지 아니하니라." 〈마태복음 10:37-38〉

돈 때문에
타락의 늪으로 빠지다

　나는 마음의 상처와 아픔으로 인해 딸을 잊으려고 노력해봤다. 그러나 고기 한 번 못 먹이고 보낸 것이 너무나 가슴이 아팠다. 내 딸 은애가 대문 앞에서 학교 갔다 오면 "엄마! 하고 학교 다녀왔습니다."라고 소리가 들리는 것 같아 괴로워 견딜 수가 없어 매일매일 눈물로 세월을 보냈다. 나는 3개월간 방에서 나오지 못하고 하루하루를 못 먹는 소주를 3병씩 마시며 마음을 달랬다. 그리고 그렇게 마신 술 때문에 너무 아파서 방바닥에서 데굴데굴 구르면서 "은애야! 은애야! 미안해, 정말 미안해." 하면서 울었다. 어려운 환경과 형편 때문에 보내버린 딸을 생각하며 마셔야만했던 술 때문에 폐인이 되었다.

　"술 취하지 말라 이는 방탕 하는 것이니 오직 성령으로 충만함을 받으라 시와 찬송과 신령한 노래들로 서로 화답하며 너희 마음으로 주께 노래하며 찬송하며 범사에 우리 주 예수 그리스도의 이름으로 항상 아버지께 감사하며 그리스도를 경외함으로 피차 복종하라." 〈엡 5:18-21〉

그리고 길거리에서도 술병을 들고 다니면서 병 채로 마시고 때로는 술에 취해서 길에서나 풀숲에서 쓰러져 자기도 했었다. 그리고 정신 차리고 일어나면 또 다시 소주 한 병을 사가지고 마셔가며 소양강 다리에서 흘러가는 강물 속을 바라보며 딸의 모습을 상상했었다. 나는 큰소리로 "은애야, 미안해. 은애야, 미안해. 꼭 돈 벌어서 엄마가 찾으러 갈께!" 6개월만 기다려달라고 했던 약속을 지키지 못하고 6개월이 결국엔 20년이란 세월이 흘러간 것이다.

"돈을 사랑함이 일만 악의 뿌리가 되나니 이것을 탐내는 자들은 미혹을 받아 믿음에서 떠나 많은 근심으로써 자기를 찔렀도다." 〈딤전 6:10〉

"예수께서 대답하시되 진실로 진실로 너희에게 이르노니 죄를 범하는 자마다 죄의 종이라." 〈요한복음 8:34〉

나는 오직 돈 벌어서 딸을 다시 찾아 와야지 하는 목적과 마음으로 온통 가득차 내게는 돈이 있어야하기에 끝내 신앙으로 극복하지 못하고 하나님보다 딸을 더 사랑하게 되었고 딸을 위해서 나는 하나님을 멀리하고 세상을 향해 헤어날 수 없을 정도로 타락의 길로 빠지게 될 수밖에 없었다. 식당이며 남의 집안 살림 일들이며 어떠한 일이든지 안 해 본 일이 없었다. 아파트 공사장에서 어깨에 무거운 시멘트를 지고 5층까지 오르락내리락 하면서 노동일도 하고 건축일, 포장마차, 함밥식당, 술집장사 등 가리지 않고 열심히 일을 했다. 오로지 딸을 찾기 위해 돈 벌기 위한 수단이었다. 사역을 할 때는 주님을 위해 이 몸 바쳐 충성하리라고 소명을 갖고 죽어도 주를 위해 죽겠노라고 뜨겁게 불타오르던 그 열정과 믿음은 어디로 갔는지 내마음속에는 온통 딸 생각과 돈이. 이미 우상이 되어 머릿속에 꽉 차 있었다. 나는 하루라도 빨리 돈을 벌어서 헤어진 딸을 다시 찾아 와야지 하는 일념만으로 오직 돈을 벌어야한다는 생각뿐이었다. 그렇기 때문에 그 당시엔 나로선 어쩔 수 없이 하나님을 멀리할 수밖에 없었던 것이다.

나는 주위의 친구들을 많이 사귀면서 깡패들과 함께 어울리고 술을 마시며 나이트클럽에 다니며 선한 조폭으로 어려운 후배들이 찾아오면 문제 해결해 주고 먹을 것 사달라고 하면 아낌없이 내 주머니에서 다 털어서 먹이고 동료가 일하고 주인에게 월급 못 받으면 나에게 부탁을 하였다. 나는 주인에게 쫓아가서 싸워서라도 돈을 받아주기도 했다. 세상 무서운 것이 없던 나는 친구 따라 강남 간다고 내 몸에 작은 문신까지 만들고 세상 향락에 완전히 빠져서 방탕의 생활을 하며 살았다. 내 몸은 주님의 거룩한 성전이라고 하셨는데 하나님의 두려움을 잃어버린 나는 그 순간 몸에 칼을 대고 말았다. 그래서 내 별명은 선한조폭이라고 불렸다. 힘이 없고 약한 자를 위해 도와주며 살았다.

그러나 죄를 지으면서 선한 일을 하면 무슨 소용이 있는가 하고 여전히 죄 가운데서 그런 생활을 한 나에게 서서히 싫증이 나기도 했고 세상 기쁨은 잠시일 뿐 아무 의미도 없었다. 알면서도 벗어나기가 무척 힘들었다. 술은 사람의 인격과 성격을 다 망가뜨려 버리는 것이다. 우리의 삶을 다 파괴하는 것이다. 술을 먹고 나면 자기중심적이고, 잘 흥분하고, 신경질적이며, 충동적이고, 폭력적으로 변하고, 누구에게나 시비를 걸기가 일쑤고, 열등감이 자주 생기고, 우울감이 오고, 불안해지고, 불면증에 시달리게 되며 이성을 잃게 하고 부끄러움을 모르고 자살을 불러일으키기도 한다. 독주는 입에 대지 말아야한다.

"너희는 스스로 조심하라 그렇지 않으면 방탕함과 술취함과 생활의 염려로 마음이 둔하여지고 뜻밖에 그 날이 덫과 같이 너희에게 임하리라."〈누가복음 21:34〉

혼자 사는 것이
죄인가

나는 그 동안 노동일을 해서 차곡차곡 모아둔 돈으로 작은 식당을 했었다.

춘천시 남부시장 지하에 있는 조그마한 초원식당이었지만 장사는 잘 되었다. 새벽 5시부터 밤 12시까지 장사를 했었다. 그 때 내 나이 33살이었다. 혼자 살다 보니 손님들 중에 수많은 유혹들이 많았다. 어떤 손님은 가정이 있는 남자였는데 그것도 친구의 남편이었다. 처자들이 있는데도 불구하고 나를 좋아한 것이었다. 나는 차마 가정 있는 남자를 만날 수가 없었다. 하지만 그 남자는 내가 장사하고 있을 때도 다른 손님이 있어도 전혀 의식도 하지 않고 무시한 체 영업 방해를 해서 나는 도저히 무서워서 장사를 할 수가 없었다. 그래서 고민한 끝에 그 남자의 부인을 불러서 바람둥이 남편을 버릇 고쳐보겠다고 의논을 하고 마침내 경찰서에 고소하여 형사들에게 잡혀 들어가게 되었다. 경찰서에서 조사를 받으면서 다시는 영업방해를 하지 않겠다는 조서를 그 남자에게 받고 풀어주었다.

하지만 그것으로 끝난 것인가 했더니 다음 날 아침 출근하여 가게의 문을 열고 청소를 하려는데 갑자기 남부시장 지하상가 주인 아줌마들 몇 명이 줄을 서서 한사람씩 나에게 오더니 손바닥으로 얼굴을 한대씩 때리고 가는 것이었다. 나는 그들에게 왜 그러냐, 무엇 때문에 때리느냐, 물어봤지만 이유도 말하지 않고 난 맞아야만 했다. 그 날 이후 가게는 영원히 문을 닫고 팔아넘기지도 못하고 끝났다. 나중에 이유를 들어보니 경찰에 고소해서 넘겼던 그 사람이 시장 상인들에게 다니면서 내가 하지도 않은 말을 퍼트려 보복을 한 것이었다. 나는 정말 살기가 이렇게 고달프고 힘든 것인가 한숨만 내쉬며 지내다 어느 날 나를 때린 사람들을 우연히 길에서 만나게 되었다. 그리고 그들은 미안하다고 사과를 하는 것이었다. 그 당시 그 남자의 말만 듣고 오해를 했다는 것이다. 그리고 이 모습을 본 친구가 고생하지 말고 남자를 소개할 테니 재혼을 해보라고 하였다. 혼자 살면 무시당하니 재혼해서 행복하게 살아보라고 하면서 중매를 한 것이다.

세 번째
재혼의 실패

　신접살림을 하기위해 강원도 춘천시 가정리 농촌마을 집으로 들어갔다. 나는 시부모님을 모시고 함께 살았다. 남편은 장손이었으나 일정한 직업도 없고 도박을 일삼고 재산을 탕진한 사람이었다.

　기대가 크면 실망도 크다고 했던가. 세 번째로 재혼한 결혼생활은 실망뿐이었다. 남편은 허구 헌 날 집에는 들어오지도 않을뿐더러 생활비도 내놓지 않고 가정을 등한시 했다. 그런 나는 남편을 찾아 술집마다 뒤지며 찾아다녔다. 남편의 버릇을 고쳐서 살아보려고 발버둥을 쳤다. 그렇게 2년이란 세월이 흘렀다. 갑자기 남편이 이혼을 요구하는 것이었다. 시부모님 또한 이혼을 요구하는 것이었다. 하지만 나는 너무 억울하고 분했다. 내가 무엇을 잘못했는가, 나는 남편의 버릇을 고쳐서 정말 잘 살아보려고 잔소리를 했는데…….

어느 날 내가 외출 나갔다 집으로 들어가고 있을 때 시부모님들이 현관에서 문을 잠가 놓고 너는 이제 우리 집 며느리가 아니니 집을 나가라는 것이었다. 하지만 나는 이렇게 억울하게 이혼 당하고 싶지가 않아 창문과 현관문을 두들기며 "아버님! 어머님! 나는 이집 며느리입니다. 제발 문을 열어주세요. 들어가게 해주세요. 여기서 내저으면 저는 어디로 가란 말입니까?" 하고 울부짖으면서 계속 두드렸다.

시부모님이 시끄러웠는지 문을 살며시 열기에 그 순간 나는 강제로 문을 밀고 집안으로 들어섰다. 그 때 시부모님이 들어가는 나의 등 옷자락을 잡아당기더니 방바닥에 내던지는 것이었다. 그 때 난 넘어지면서 팔을 잘못 짚어 부러져 기브스를 하게 됐다. 그러나 시부모님은 계속 나를 괴롭히셨고 냉랭한 집안 분위기에 도저히 살 수 없게 된 나는 결국 시부모님과 헤어져야 하는 쓴 맛을 겪어야 했다. 그리고 남편과 나는 그날 밤 돈 한 푼 없이 보따리를 싸서 춘천시 효자동 친구 집에 있는 옥탑 방으로 옮겼다.

그 때는 너무나 추운 겨울이었다. 시댁에서 나와 둘만 지낼 때도 남편의 태도와 성격, 그리고 생활은 전혀 바뀌지 않았다. 매일 매일 놀음에 빠져 집에는 돌아오지 않아 나는 돈이 없어 연탄불도 피우지 못하고 싸늘한 냉방에서 지내야만 했고 애타게 기다렸던 남편은 돌아오지 않았다. 나중에 안 사실이지만 그 사람은 나에게 위자료 한 푼도 안주고 그냥 내쫓기 위해 연극을 꾸민 것이었다.

같이 사는 것같이 하고 돈 한 푼도 주지 않고 나를 버리고 시댁으로 들어가 돌아오지 않았다. 12월 달이었다. 연탄불도 없어 방안이 너무 추웠다. 돈 한 푼도 없어서 나는 방안에서 얇은 호껍데기를 뒤집어쓰고 덜덜 떨면서 긴 밤을 새워야했다.

며칠 후 나는 시댁에 남아있는 내 짐을 가지러 들어갔었다. 춘천시내로 이사 가기 위해 이삿짐센터에 전화를 걸어 부탁했다. 40분이나 걸려서 이삿짐센터 아저씨가 오셨다. 나는 그 때 이삿짐을 마당에 내 놓고 있는데 갑자기 이사비용 문제로 차질이 생겼다. 시아버지께 이사비용 10만원만 달라고 요구했었다. 그러자 시아버님은 "네 년한테 절대로 단돈 10만원도 줄 수 없다."고 하는 것이었다. 참 어이가 없고 기가 막혔다. 하물며 집에서 기르던 말 못하는 개도 밥을 먹여 보내는데 도대체 나라는 인간이 개만도 못하단 말인가. 나는 인간 취급도 받지 못한 게 억울하고 분했다. 정말 죽이고 싶을 정도로 원한을 갖고 있었다.

그렇지만 내 마음 한구석에서 누군가가 나에게 양심의 소리를 들려주는 것 같았다. 누구를 원망하느냐, 너 한사람으로 인해 다른 사람에게 피해를 주고 있지 않느냐고 하면서 결국 내 마음은 남을 미워하고 원망할만한 자격이 없었다. 나는 현실을 받아들일 수밖에 없었다. 이삿짐을 차에 실었다. 그리고 마지막으로 시부모님 앞에 큰절을 올리고 나서 차에 탔다. 이삿짐센터 아저씨는 영업하시는 중인데도 불구하고 당황하시거나 화를 내거나 불쾌하거나 인상도 한 번 안 쓰시고 친절하게 나의 딱한 사정을 알고 춘천 시내로 이삿짐을 실어다 주셨다. 도착해서도 짐을 옥상에 있는 방까지 혼자서 옮겨주시기도 하였다. 이사비용도 없어서 못 드렸지만 받지 않으시고 헌신적으로 봉사를 해주셨다. 이삿짐을 들어서 2층까지 옮겨주신 것도 고맙고 몸 둘 바를 어찌해야할지 모르겠는데 아저씨는 집에 먹을 것이 하나도 없네 하시면서 라면과 여러 가지 물건을 사다주시고 떠나셨다. 또 직장에 나갔다가 집에 돌아와 보니 라면을 잔뜩 사다놓고 가셨던 것이 기억난다. 그 당시 이삿짐센터 아저씨는 춘천시 우두동 교회에 다니시는 권사님이라고 들은 적이 있었다. 너무나 감사하고 고마우신 분이셨다. 나는 부엌에서 요리해 먹을 그릇이 없었다. 새벽에 고물상에 가서 여기저기 버려진 후라이팬과 냄비 수저를 주어서 집에 가져와서 사용했다.

그 후 20년 만에 이삿짐센터 아저씨를 찾아보았다. 지금은 우두 감리교회 정호규 장로님이 되셨다고 한다.

도둑 맞은
살림살이

　춘천에서 얼마간 그렇게 살았다. 그러던 어느 날 서울 천호동에서 그 동안 잘 알고 지내던 OOO목사님께서 나를 서울로 오라고 하는 것이었다. 사모님은 책 팔러 다니시고 목사님은 집에서 살림을 하시고 있었다. 함께 사역을 하자고 권하시면서 OOO목사님이 이사 비용에 쓰라며 40만원을 빌려주셨다. 그렇게 나는 서울로 이사를 오게 되었다.

　지긋지긋한 죄악 된 세상에서 벗어나 다시 한 번 사역을 재기할 기회가 왔구나! 하고 기쁜 마음으로 이사를 왔지만 OOO목사님은 여전히 목회를 할 생각을 하시지 않았다. 나는 다시 일어서고 싶어 낮에는 신학교에 편입하여 공부하고 밤에는 식당에서 아르바이트를 하면서 지냈다. 나는 OOO목사님과 사모님이 자기 집 옆에 있는 부엌 없는 지하방을 얻어주셔서 한 달에 15만원짜리 월세 방에 살았다. 나는 일을 해서 나중에 돈을 갚기로 했었다. 하지만 직장을 다니면서 일이 너무 고되어 허리가 아프기 시작했다. 춘천에서 함밥식당을 할 때 무거운 물건을 들다가 허리를 다쳐서 병원에 입원한 적이 있었다. 그런데 밤에 음식집에서 일을 하다가 아팠던 허리가 재발이 되어 일을 못하고 캄캄한 지하 방에서 두 달간 끙끙 앓아 누웠고, 부엌도 없어서 밥도 해 먹을 수가 없었다. 또한 빨래도 할 수가 없었다. 그런 나의 사정을 아시는 000목사님 사모님께서 집에 와서 빨래를 하라고 허락도 하시고 가끔 밥도 얻어먹었다. 정말 친절한 목사님 가정이라고 생각하고 언젠가 꼭 은혜를 갚을 것이라는 생각을 하고 감사하며 기도를 했었다.

그러던 어느 날 친구가 와서 저녁에는 치킨집 장사를 해보라고 해서 보증금 없이 월세만 50만원을 내기로 하고 장사를 시작했다. 그런데 000목사님이 가게로 전화를 하였다. "이 전도사님 집에 빨리 와보세요. 도둑이 들어와서 물건들을 다 가지고 가서 없다."고 하는 것이었다. 장사를 끝내고 지하 방에 돌아와 보니 문이 따지고 TV, 카메라, 반지, 카세트 등 여러 가지 물건들이 없어진 것이었다. 하지만 나는 마음을 비우고 도둑이 필요해서 가져갔나 하고 잊어버렸다. 그리고 다시 문을 잠궜다.

그런데 며칠 지나서 000목사님한테 전화가 왔다. 또 도둑이 들어와 물건을 훔쳐갔다고 하시는 것이었다. 나는 놀래서 장사 하는 것을 중단하고 집으로 뛰어가 봤다. 도둑이 두 번씩이나 왔다갔

단 말인가. 방안에 들어온 나는 정말 이상하다는 생각에 지하 옆 방에 혼자 사는 총각이 있어 물어보았다. 혹시 누가 우리 집에 왔다간 것을 보았느냐고 말하려는데 저쪽 방 한구석에 낯설지 않는 TV가 보였다. 자기 물건은 주인은 알아볼 수가 있다. 그래서 총각 방으로 뛰어 들어가 보았다. 확실히 우리 텔레비전이었다. 그것을 본 나는 "아니 왜 도둑이 가져갔다는 물건이 여기에 있는 거요. 당신이 도둑이었나요."라고 물었더니, 청년은 "000목사님이 갖다 주었어요."라고 말하는 것이었다. 그 순간 나는 정말 큰 충격을 받았다. 또한 그뿐만 아니라 000목사님 집에 찾아가 보았다. 방에 들어서자 거실한쪽 구석에 어디에서 많이 본 물건이 쌓여 있었다. 역시 내 물건을 000목사님 집에 다 갖다놓고 도둑이 가져갔다고 나에게 말한 것이었다.

"000목사님께서 도둑이셨나요? 도둑이 가져갔다는 물건이 왜 여기에 있는 거죠? 어떻게 목사님이 주인 없는 방에 들어와 도둑질을 할 수 있나요?"

너무 충격을 받아서인지 입이 벌어지지가 않고 어이가 없어 말이 나오지 않았다. 신앙심이 없는 사람이 그랬다면 한 번쯤 용서를 할 수가 있었는데 목사님이라는 분이 어떻게 이런 짓을 두 번씩이나 저지를 수가 있습니까? 이사비용 40만원 때문에 내 인생은 너무나 비참하고 많은 상처를 입었다. 나는 경찰에 신고를 할까 생각을 했었다. 그리고 경찰서 앞에서 서성거렸다. 그런데 누군가가 또 내 마음을 흔들어 놓았다. 그러면서 '신고하면 안 돼' 하는 소리가 내 마음을 약하게 했다. 결국 도둑목사를 신고하는 것을 포기하고 돌아왔다. 만약에 경찰에 신고하면 대한민국 선량한 목사님들 이미지가 흐려질 것이 아닌가 하고 그 목사님을 용서하기로 하고 내 본연의 자리로 모든 것을 잊고 돌아왔다.

"나는 너희에게 이르노니 너희 원수를 사랑하며 너희를 박해하는 자를 위하여 기도하라." 〈마태복음 6:44〉

젊은 년이
몸이라도 팔아서 방세 줘야지

하루는 새벽 6시쯤 잠옷 바람으로 자고 있는데 느닷없이 집주인 부부가 쳐 들어와 방을 빼고 나가라고 하는 것이었다. 그러더니 짐을 밖으로 다 끌어내고 옷 갈아입을 새도 없이 잠옷 차림으로 주인 부부에게 멱살이 잡혀 밖으로 끌려나와야만 했다. 주인이 하는 말이 젊은 년이 예쁘장하게 생겼으면 어디 가서 몸이라도 팔아서 방세를 줘야지 하면서 안준다고 쫓겨난 것이다. 나는 그 때 허리가 아파서 두 달간 일을 못하게 되어 집세를 못주고 있었다. 하지만 이럴 수가 있을까, 아무리 세상이 각박하다고 하지만 약한 여성에게 이렇게 모질게 할 수 있을까. 더군다나 순복음교회 집사라는 부부가 인정도 없단 말인가.

'돈이 사람을 죽이고 살리고 하는 구나'라는 생각에 나는 돈이 없어서 급한 마음에 친정 오빠한테 전화해서 100만원만 빌려달라고 부탁을 했지만 오빠는 이놈의 새끼가 아직도 정신을 못 차린다고 윽박지르고 냉정하게 거절을 당했다. 나는 그 당시 친정 오빠에게 실망을 했고 원망스러웠다. 다시는 오빠를 만나지 않으리라고 결심을 했었다. 사실은 나는 형제들에게 인정을 받지 못했다. 내가 살아 온 수많은 사연들이 부끄러움만 남겼을 뿐 친정식구들에게 아무런 도움을 주지 못했었다. 그렇다고 해서 내가 아무리 배고프고 잠잘 곳이 없었지만 단한 번도 돈 십 원도 갖다 쓴 적이 없었다. 처음으로 친정오빠한테 손을 내밀었지만 거절당한 나는 그 당시 잘 알고 있었던 신학교 학장님께 부탁하여 20만원을 빌렸다. 그리고 주인의 집을 몰라서 000목사님께 방세를 전해 주라고 20만원을 드렸다.

며칠이 지나 우연히 집주인을 만나서 말을 했다. "제가 집세를 드리라고 000목사님께 드렸는데 안 받으셨나요."라고 했더니 안 받았다는 것이다. 000목사는 내가 준 집세를 주인에게 주지 않고 자기가 다 써버린 것이다. 그리고 주인에게 전화를 걸어서 언제 도망갈지 모르니 집세 받으라고 말을 한 것이었다. 정말 이렇게 매정하고 나쁜 사람도 있을까? 그 날 밖으로 쫓겨난 나는 짐을 들고 어디로 가야하나 걱정과 한숨만 내쉬었다. 한없이 000목사가 미웠다. 또한 나는 돈이 도대체 무엇이길래 이처럼 사람을 비참하게 하는가 생각하였다. 그 날 새벽은 몹시도 추웠다. 12월 엄동설한에 이삿짐과 함께 잠옷만 입고 쫓겨난 내 모습은 어이가 없었다. 나는 OOO목사를 도둑으로 경찰에 고소를 하지 않았는데 이럴 수가 있나 싶었다. 하늘을 쳐다보니 새벽별이 아직 총총히 빛나고 있었다. 이제 어디로 가야하나 조금 있으면 사람들이 밖으로 나올 텐데 창피도 하고 어떻게 할까 발을 동동 구르며 이 나라 대한민국에 내가 설자리가 그렇게 없단 말인가. 하나님 어떻게 해요. 정말 인간적으로 OOO목사가 원망스러웠다. 정말 미웠다. OOO목사가 40만원을 이사비용으로 빌려준다고 하면서 서울로 끌어들이고, 짐까지 빼앗기고, 주인에게 욕설까지 당하고, 강제로 쫓겨나고, 생각할수록 기가 막혔다. OOO목사가 조금만 참고 믿음으로 기다려주었다면 얼마나 좋았을까. 하지만 소용이 없었다. 돈 없는 내가 잘못이지 누구를 탓하겠는가,라고 생각했다. 할 수 없이 나는 천호동 가까운 큰 교회로 찾아가서 사정 이야기를 하고 이삿짐을 교회 마당에 쌓아 놓고 천막으로 덮었다. 나중에 짐 찾으러 오겠다는 약속을 하고 초라한 모습으로 다시 춘천으로 내려갔다.

에수님을 유혹한 세 가지 시험도 끝없는 욕심이었다. 인간은 욕심과 욕망 때문에 무거운 짐을 언제나 지니고 다닌다. 마음의 짐을 쉼 없이 더욱 끌어안고 살아가고 있다. 인간의 욕망을 주님 앞에 온전히 내려놓을 때 진정한 평화와 쉼을 얻고 끝없는 욕망의 짐을 내려놓을 수가 있다. 주님은 무거운 짐진자들아 다 내게로 오라 그리하면 쉼을 얻으리라고 말씀하셨다.

"오직 각 사람이 시험을 받는 것은 자기 욕심에 끌려 미혹됨이
니 욕심이 잉태한즉 죄를 낳고 죄가 장성한즉 사망을 낳느니라."
〈야고보서 1:14-15〉

하늘을 치솟고 있는
검은 연기

    나는 다시 지나온 과거에 길로 되돌아갈 수밖에 없었다. 춘천에 도착한 나는 결심을 하였다. 돈을 벌자, 돈만 있으면 아무도 날 무시 하지 않고 딸도 찾아올 수 있을 거야. 그렇게 마음을 굳게 먹은 나는 마음을 추스르고 열심히 일을 했다. 모처럼 직장에서 주일날 쉬는 날이었다. 교회를 가지 않고 미장원에 가서 파마를 하고 집에 돌아왔다. 방이 어두워 스탠드를 전기 코드에 꽂는 순간 갑자기 전기선이 잘못되어 집에 불이 난 것이다. 나는 불꽃이 튀는 순간 어찌해야 좋을지 당황한 나머지 소방교육을 받아보지 못한 내가 불을 끈다고 이불을 덮었지만 불꽃이 이불에 붙어서 타오르기 시작했다. 그리고 전기선 옆에 갈대나무를 꺾어서 장식했던 나무에 순식간에 불이 번져 활활 타오르기 시작하더니 천정을 뚫고 검은 연기가 하늘을 뒤덮기 시작했다. 연기를 보고 많은 주변 사람들이 우리 집에 모여들기 시작했다. 나는 미친년같이 놀라서 밖으로 뛰쳐나가서 큰소리로 불이야! 불이야! 소리를 지르며 기절을 했는지 바닥에 쓰러지고 말았다. 검은 연기가 하늘을 치솟고 있는 모습을 본 주민들이 신고를 했다. 그리고 소방차 몇 대가 와서 불을 끄고 경찰차가 들이닥쳐 조사를 하는 것이었다. 밖에는 사람들이 웅성웅성 모여들었고 이미 다 타버리고 만 것이었다. 그 때 당시 친정엄마가 오셔서 함께 살았었다. 엄마는 그 날 주일예배를 드리러 교회를 가시고 안계셨기에 아무 피해가 없으셨다. 불에 타서 천정이 무너진 흙더미 속에서, 나와 엄마는 정신을 차리고 삽을 들고 방바닥에 내려앉은 흙을 퍼냈다. 그리고 남은 짐이라도 건져볼까 열심히 이리 저리 뒤져보기도 했었다.

그 때 엄마는 나에게 한 마디 하시는 것이었다.

"오라 우리가 여호와께로 돌아가자 여호와께서 우리를 찢으셨으나 도로 낫게 하실 것이요 우리를 치셨으나 싸매어 주실 것임이라."〈호세아 6:1〉

"명희야! 아직도 깨닫지 못하느냐. 지금이라도 정신 차리고 주님 앞에 돌아와야 한다. 이 엄마가 죽기 전에 네가 하나님 앞에 돌아오는 것을 보아야 엄마는 마음 편히 눈을 감을 것 같다. 그렇게 너를 위해 기도하고 눈물을 흘리며 너 하나 때문에 평생 고생을 하는 엄마가 불쌍하지도 않니! 언제까지 고집부리고 엄마 속을 썩일 거냐. 네가 뱃속에서 부터 속을 썩이더니. 나이가 들고 커서도 엄마 마음을 아프게 하는구나. 너는 정말 우리 집에서 별난 자식이야."

나는 엄마 말을 무시하고 내 뜻대로 뭐든지 열심히 하면 다 되는 줄 알았지만 그 당시 아무것도 없는 나에게 인생이란 것이 꼬이기만 하고 어머님의 말씀은 귀에 들어오지 않았다 모든 일이 순조롭게 잘 풀려지지가 않았다. 오늘날 많은 크리스찬들이 나와 같이 신앙생활을 한다고 하면서 여전히 죄 가운데 거하며 하나님의 형상을 잃어버리고 다시 그 악한 생활로 되돌아가 세상 죄에 끌려 다닌다면 그 상태는 이전보다 훨씬 나쁠 것이라는 것을 알면서도, 개가 토한 것을 다시 먹고, 돼지가 씻은 후에 다시 진흙에서 뒹구는 것처럼 생활을 하고 있다. 내 자신이 그렇게 살았다. 술 마시고 방황하다가 다시 더 심각한 죄에 빠지게 되었던 것이다. 나는 하나님의 귀한 은혜와 사랑의 가치를 누릴 줄 몰랐다 하나님은 우리가 소나 돼지처럼 살지 않고 거룩하게 살기를 원하셨는데 죄에서 해방된 우리는 하나님을 떠나서 인간의 생각으로 아무리 발버둥을 치며 살아가지만 개나 돼지처럼 살수 밖에 없는 생활로 전락할 수밖에 없던 것이었다. 인간은 주님의 거룩함으로 늘 청결하게 살아야 하며 개나 돼지가 뒹구는 것처럼 다시 돌아가서는 안 된다.

"거룩한 것을 개에게 주지 말며 너희 진주를 돼지 앞에 던지지 말라 그들이 그것을 발로 밟고 돌이켜 너희를 찢어 상하게 할까 염려하라."〈마태복음 7:6〉

네 번째
재혼과 실패

모든 것을 다 잃어버린 나에게 어느 날인가 잘 아는 언니가 내 처지를 알고 모 직장에 경리로 취직을 시켜 주었다. 그리고 방 한 칸을 얻어 친정엄마를 모시고 살았다. 취직한지 1년 정도가 지났다. 조그마한 사업을 하고 있던 사장이 프러포즈를 해왔다. 내가 일하는 동안 근무하면서 보았던 사장의 인품은 내가 재혼을 해도 괜찮을 것 같다,라고 생각한 나는 그해 가을에 사장님과 결혼식을 올리기로 하고 양가 부모를 소개하고 인사를 시켰다.

그러던 어느 날 직장을 소개해 준 언니가 찾아오더니 버려진 여자 아기가 있는데 한 달 됐다는 것이다. 데려다 키워보겠냐고 해서 나는 어차피 아기를 낳을 수 없는 몸이라 그렇게 하겠다고 하고 남편과 의논한 뒤 그 다음날 언니와 함께 아기를 데리러 갔다. 강보에 쌓인 아기는 딸이었으며 너무 귀엽고 예뻤다. 나는 첫딸을 보내고 난 뒤 마음에 위로가 될까 하고 아기를 가슴에 품는 순간 너무 좋았다. 아기를 잘 키워봐야지 비록 내가 난 자식은 아니지만 친자식으로 내가 낳은 생모로 호적에 올렸다. 호적에 올릴 때 남편과 함께 혼인신고를 했다. 아기를 위해서 급히 혼인신고를 했던 것이다. 그리고 아기 키우는 재미로 최선을 다해 애정을 쏟아 부었다. 나는 못 먹어도 못 입어도 아기만큼은 좋은 옷을 입히고 분유로 키웠다. 가끔 엄마의 정을 느끼게 하기위해 안 나오는 내 젖을 물리기도 했다. 아기는 젖을 빨았지만 젖이 안 나오자 울기 시작했다. 너무나 마음이 아팠다. 내가 낳은 자식이라면 모유가 나올 텐데 마음대로 안 되었다. 이 아기의 친부모는 중 □ 고등학교 선생이면서 처녀 총각이었다. 나는 만난 적은 없었지만 소식은 들은 적이 있었다. 결혼하기 전에 임신을 한 처녀 생모는 집안의 반대로 결혼을 못하게 되어 내가 데려왔던 것이다.

그리고 동네사람들은 내가 평소에 살이 쪄서 배가 나온 상태로 다녔기에 정말 아기를 낳은 것으로 알고 있었다. 아기 이름은 보경이라고 불렀다. 보경이가 백일 되는 날에 식당에서 백일잔치를 호화스럽게 준비하고 내가 아는 친구와 친척과 동네 사람들을 초청했었다. 그리고 즐겁게 백일잔치를 무사히 끝낼 수 있었다.

성폭행으로
경찰서에 불려간 네 번째 남편

　예쁜 딸이 생겨서 너무너무 행복했고 하루하루 살아가는 것이 재미있고 꿈과 비전이란 게 생겼다.

　나는 남편 되는 사람과 혼인신고와 출생신고를 같은 날 하고 6개월 되던 날이었다. 그런데 행복했던 우리가족에게 운명의 먹구름이 몰려오기 시작했다. 어느 날 부터인가 남편은 평소와는 다르게 행동을 하고 다니는 모습이었다. 아기가 온지 얼마 안 되어 자꾸만 내 눈앞에서 피하고 무엇인가 불안하고 쫓기는 모습을 느꼈다. 그러나 나에게는 비밀을 감추려는 것이었다.

　남편 둘째 누나가 있었다. 시집간 딸이 이혼당하고 혼자 산다고 하였다. 자주 사무실에 와서 남편을 밖으로 불러대고 나가는 것이었다. 나는 생각하기에 무슨 일인가? 도대체 무슨 이유로 남편을 불러대는 것인가. 나에게 말도 못하고 피하는 그들의 모습은 이해할 수가 없었다. 그 날 밤이었다. 나는 엄청나게 무서운 꿈을 꾸었다. 똑같은 것이 반복으로 두 번씩이나 꿈에 보였다. 나는 며칠 동안 잠을 자지 못하고 공포에 휩싸였다. 지금 생각해보니 그 당시 꿈에 보였던 사건은 하나님께서 미리 일어날 일을 아시고 정신 차리고 기도하라고 하신 것 같다. 갑자기 경찰서에서 조사받을 것이 있다 하면서 남편에게 출두를 하라는 것이었다. 영문을 모르는 나는 곧 남편이 돌아오겠지 하고 하루 종일 기다렸지만 남편은 돌아오지 않는 것이었다.

그리고 나는 마냥 기다릴 수만은 없었기에 오후 늦게 경찰서에 찾아가 물어보기로 했다. 그런데 담당 형사가 말하기를 내일 면회 오라는 것이었다. 그 이튿날 아기를 등에 업고 경찰서에 가서 면회를 신청하고 기다리고 있는데 조금 있으니 남편이 동아줄로 꽁꽁 묶여서 나오는 것이다. 나는 처음으로 죄수복으로 입은 남편의 모습을 보는 순간 너무 놀라서 온 몸이 부들부들 떨렸다. 도대체 이게 무슨 일인가. 왜 동아줄로 묶여있는 것인가. 남편은 아무 말도 못하고 고개를 떨구고 있는 것이었다. 면회를 끝내고 담당 형사를 찾아가 이유를 물었다.

"그 사람을 왜 잡아넣는 것입니까? 무슨 죄를 저질렀기에 감방에 집어넣는 건가요."라고 말하면서도 나는 두려운 마음으로 벌벌 떨었다.

그렇게 착하고 성실한 사람이 지금 죄수복을 입고 감옥에 있다는 것이 믿어지지가 않았다. 경찰이 말하기를 그 사람은 나와 만나기전에 있었던 친조카 성폭행 사건으로 잡혀간 것이었다. 고소한 사람은 둘째 누나였는데 시집간 조카딸이 숫처녀가 아니라고 남편이 다구치자 조카는 외삼촌과 있었던 6년 전 사건을 이야기를 했다고 한다. 그래서 외삼촌 때문에 조카가 이혼당했다고 책임지라면서 돈을 요구한 것이었다. 어떻게 그럴 수가 있을까. 하나밖에 없는 친동생을 조카 성폭행으로 고소한 것이 어이가 없었다. 오히려 동생의 죄를 덮어주어야 하는데 고소라니, 돈에 눈이 어두운 친누나는 경찰서에 고소를 하기 전에는 자주 사무실로 나에게 전화를 해서 조카 몸값을 달라고 요구를 했었다. 나와 아무런 상관도 없는 일인데 나는 믿을 수가 없어서 주지 않았던 것이다. 돈이 아까워서 안준 것이 아니다. 너무나 어이없었고 기가 막혀서이다. 이것은 돈을 빼내기 위해서 누나가 거짓으로 한 것이라고 생각하고 믿지를 않았다. 남편은 절대로 그런 일이 없었다고 말을 했다.

그 날 경찰에서 나는 집으로 돌아와 사무실 빈방에서 또 한 번 발버둥 치며 목이 쉬도록 울어야했다. 나는 이제 어찌하란 말인가, 도대체 전생에 무슨 큰 죄를 지었기에 나에게 자꾸만 이런 일이 생기는 것일까. 아기는 어쩌고 정말 난 견딜 수가 없어 아기를 방에다 눕혀놓고 나는 소양강처녀 다리 밑으로 갔다.

소양강 다리에서
자살시도

　그리고 그곳에서 아무도 모르게 신발을 벗어놓고 돌멩이에 올라서서 죽으려고 하니까 하염없이 보이지 않은 내 가슴속에서는 인생살이에 시달리고 지쳤는지 눈물이 흘러내렸다. 할 말을 잊었다. 보이지 않는 어두운 소양강 물속은 아무 대답이 없었다. 그 순간 누군가가 내 뒤에서 옷을 잡아당기는 것이었다. 밤 낚시꾼들이 나의 이 모습을 보고 두 사람이 쫓아와 말리는 바람에 죽지도 못하고 집으로 다시 돌아왔다. 나는 남동생을 고소한 누나 집에 찾아갔다. 그리고 딸과 매형 누나 셋이서 앉아있는데서 말했다. "정말 친누나 맞습니까? 창피하지도 않습니까? 돈 때문에 친동생을 조카성폭행 사건으로 경찰에 고소하고 그것도 6년 전 사건을 이제 와서 고소하는 이유가 뭡니까?"라고 따졌다. 그들은 아무 대답도 하지 않았다. 남편은 절대 조카를 성폭행한적이 죽어도 없다고 했다. 그 사람이 무죄를 주장하기에 나는 남편을 위해 변호사를 선임하기로 결심을 했었다.

2000년 날씨가 무척 추운 초겨울이었다. 어린 보경이를 등에 업고 다니면서 돈을 만들어야 했다. 갑자기 남편이 교도소에 들어가는 바람에 사업장에는 인부들이 인건비 달라고 호소하고 여기저기서 자재비와 채권자들이 돈 달라고 전화가 빗발 쳤다. 아기 우유 값도 없었고 남편의 무죄가 확실하다고 믿은 나는 동분서주 열심히 남편 구출작전에 나섰다. 하지만 변호사를 선임하려는데 돈이 없어 남편의 자동차를 담보로 하여 돈을 빌려 쓰기로 했다. 그런데 남편의 인감증명서가 필요하다고 하여 동사무소에 가서 남편에게 허락을 받지 않은 체 증명서를 떼다가 채권자에게 주고 200만원을 빌려 받았다. 그리고 남편과 친하게 잘 지내는 분이시었던 김씨 아저씨한테 부족한 금액 부분을 충당하기위해 200만원을 추가로 빌렸다. 그래서 200만원은 변호사 선임비로 주고 나머지 돈으로 직원들 인건비를 조금씩 나누어주고 자재비와 아기 우유 값 남편 교도소에 면회 갈 때마다 영치금으로 사용했다.

그런데 어느 날, 갑자기 내가 면회 가는 것을 누나들이 차단을 시켰다. 그리고 남편의 친구가 찾아와 나보고 가짜이혼을 하라는 것이었다. 누나가 이혼을 하면 합의를 봐주겠다고 했다는 것이었다. 가짜로 이혼하고 남편이 교도소에서 나오면 다시 합치면 되지 않겠냐고 하면서 설득을 시켰다. 그래서 나는 남편을 살리기 위해서 이혼을 해줬다. 그러나 그것에 속아서 진짜 이혼이 된 것이었다. 그리고 나는 남편이 돌아오기까지 당장 생활을 해야 했기에 일수 돈을 얻어서 포장마차를 시작했다. 낮에는 남편일로 법원에 다니며 밤에는 아기를 등에 업고 포장마차장사를 새벽까지 하면서 열심히 노력했었다. 4개월 만에 몇 번의 재판을 통해 끝까지 무죄를 주장하던 남편은 결국 판사 앞에서 조카를 성폭행했다고 고백하는 것이었다. 그 이야기를 들은 나는 그 자리에서 쓰러질 뻔했다. 그렇게 남편을 믿고 돈까지 빌려가면서 변호사를 선임해 가면서 도와왔는데 내가 그토록 애쓰고 노력한 것이 하루아침에 물거품처럼 무너지면서 정말로 하늘을 쳐다봐도 답이 나오지가 않았다. 그 사람은 친조카와 합의를 보고 집행유예 4년을 선고받고 풀려났다.

그리고 세월이 흐르고 교도소에서 형기를 다 마치고 나왔는데도 며칠이 지나도 집에는 돌아오지 않는 것이었다.

반대로 사문서 위조로
남편한테 고소당하다

　나는 남편이 돌아오기를 기다리면서 열심히 장사를 했다. 어느 날이었다. 더 기가 막힌 일이 일어났다. 경찰서에서 나보고 조사할 일이 있다고 형사과로 출두 하라는 것이었다. 그 이유는 남편이 교도소에서 풀려나와 내가 인감증명서를 남편 허락 없이 뗐다고 사문서 위조로 고소를 했다는 것이었다. 거기다 재산까지 빼돌렸다는 죄까지 추가로 고소를 한 것이었다. 너무나 기가 막혀 말이 나오지가 않았다. 재산을 빼돌릴 돈이 어디 있으며 죄는 자기가 지고 감옥 간 사람이 나에게 더 큰 상처를 주어 놓고 나름대로 남편을 위해 열심히 도와주려고 한 나를 반대로 고소라니 어이없어 웃음도 안 나왔다. 허락 없이 남편의 인감증명서를 뗀 것은 잘못이지만 어떻게 나를 고소 할 수 있단 말인가. 그것은 남편의 가족들이 시켜서 한 것이었다. 남편을 만나지 못하게 항상 따라다니면서 감시하는 것이었다. 돈이 없어서 400만원을 빌려서 자기를 위해 사용했는데 재산이 어디가 있다고 고소를 한단 말인가.

 하지만 나는 할 수없이 경찰서 형사과를 찾아가 남편과 함께 조사를 받았다. 그 때는 내가 돈을 사용했던 영수증을 전부 모아서 들고 갔었다. 조사를 받고난 뒤에 형사들이 나의 뒤를 전부 조사한 것이었다. 재산을 빼돌린 근거가 없었기에 죄를 인정하기가 어려웠다. 그러나 사문서 위조로 형무소에 들어가게 된다는 것이었다. 그런데 하나님께서 도우시사 남편의 죄로 인해 가정이 파탄된 것으로 참작하여 교도소에 들어가지 않고 벌금 200만원을 맞고 풀려났다. 많지도 않은 돈 때문에 몰지각하게 아내를 고소한 남편은 정말 용서할 수가 없었다. 그리고 친누나들과 조카들은 더더욱 용서할 수가 없었다. 그래서 남편과 친 누나들을 맞고소하기 위해 서류를 작성하여 경찰서에 고소하기 위해 찾아갔다.

 정말 너무나 억울하고 분하다보니 내 마음마저 독해지기 시작했다. 나는 너무 억울해서 남편을 맞고소하기로 결심하고 고소장을 준비하여 경찰서에 갔더니 오히려 형사들은 화를 내면서 이제 좀 그만하라는 것이었다. 그러면서 맞고소를 취소하라는 것이었다. 참 어이가 없었다. 그리고 친절한 형사는 더더욱 설득시키기가 좀처럼 쉽지 않았다. 그 분도 교회 다니시는 분이셨는데 나를 교회로 데리고 가시는 것이었다. 그 분의 설득으로 나는 할 수 없이 복수하려는 마음은 내던져버리고 모든 것을 잊어버리자고 생각하고 춘천을 떠나기로 결심을 했다.

그러나 그 때 아기 보경이 문제가 있었다. 보경이를 데리고 가고 싶었지만 이미 남편의 호적에 친자로 올라가 있기에 친권 재판을 해야 한다고 했다. 그 사람은 아기를 절대로 주지 않겠다고 하고 나는 그 사람에게 맡기면 친딸도 아닌데 무슨 일이 터질까봐 두려웠다. 친조카를 성폭행한 사람이 친자식도 아닌 아이를 그냥 키운다는 것은 정말 상상할 수가 없었다.

법원에 가서 상담을 해보니 친권 재판을 해야 한다고 했다. 그래서 복잡해질 것 같아 어쩔 수없이 울면서 아기와 이별을 해야 했었다. 그 후 나는 지금까지 아이를 만나보지 못했다. 얼마나 울었는지 아이가 보고 싶어서 날마다 괴로워했다. 내가 난 친딸보다 더 정이 들고 더 사랑했었다. 나의 모든 정을 다 쏟아 부은 것이다. 나는 첫 번째 딸을 버리고 두 번째 딸도 버리고 늘 죄책감에서 나 자신을 용서할 수가 없었다.

나는 그날 밤 춘천을 떠나 양양 낙산 바닷가로 무작정 버스를 타고 떠났다. 잠시 복잡한 마음을 털어버리기 위해서 도착한 곳은 아무도 없는 낙산해수욕장이었다. 바다는 너무나 조용하고 고요했다 보이지 않는 파도 소리는 금방이라도 나를 삼킬 것 같이 기다리고 있는 것 같았다. 어둠이 깔린 수평선을 바라보며 모래사장에 앉아 두 다리를 펴고 어린아이 같이 큰소리로 외쳤다. "아~~ 나는 누구야." 그저 울기만 한 것이다. 그래도 나는 하나님을 원망할 수가 없었고 부모도 원망할 수는 없었다. 그 때 갑자기 정체불명의 사람이 나타나서 내 뒤에서 한 마디를 던지며 지나갔다. "아줌마! 염려하지 말아요. 당신은 곧 큰 사람이 될 것입니다."

　이상한 사람이었다. 왜 나한테 이런 말을 던지고 가는 거야? 이해가 안 갔다. 난 그 사람이 말하는 것을 무시한 체 어둠이 깔린 낙산해수욕장 바닷가에서 갈아입을 옷도 준비하지 않고 입고 온 그대로 미친년 같이 물속으로 뛰어 들어갔다. 그 때 12월은 엄청 추웠던 날씨였다. 그리고 나는 물장구를 치며 "와~~." 소리를 쳤다. 한참 있다가 밖으로 나오니 머리는 얼어서 고드름이 달렸고 옷은 뻣뻣하게 얼어있었다. 온 몸이 부들부들 떨렸고 추워서 몸이 꽁꽁 얼게 되는 것이 아닌가 하였다.

　'나는 왜 이리 못났을까. 배운 것도 없고, 재산도 기술도 재주도 잘하는 것도 없고, 그리고 외모가 예쁘기라도 한다면 인물값이라도 할 텐데, 나 같은 인생은 어디다 써먹을까. 나라는 인생은 하나님이 세상에 보내셨을 때 분명히 이유가 있었을 것이다.'라고 생각했다.

　그러나 아직 나는 주님의 품으로 돌아갈 생각을 하지 않았다. 그래서 내가 '고난이 더 길어졌나 보다'라고 생각하게 되었다. 그리고 나는 이렇게 내 인생이 엉망이 된 이 나라 대한민국을 떠나 다른 나라에 가서 살아보자 라는 생각을 하고 자리에서 일어나 다시 춘천에 돌아와 직업 소개서를 하고 있는 친구에게 찾아갔다.

나는 사마리아 여인같이 다섯 번이나 남자를 둔 죄 많은 여인이었다. 세상 사람들에게 이 여인은 조롱과 멸시와 비방 받는 대상이다. 인정받지 못하는 죄인이다.

그런데 모든 사람들은 이 여인에게 모세의 율법으로 돌로 쳐서 죽이라고 했지만 사형에 해당되는 여인에게 주님이 가까이 오셔서 죄인의 편이 되어주셨다. 예수님은 비판하는 많은 사람들에게 죄 없는 자가 돌로 치라고 말씀하셨다. 지금도 많은 사람들은 자신의 죄를 뒤돌아보지 않고 날마다 상대방의 허물이 보이면 죄를 간섭하며 돌로 치고 있다.

예수님께서 현장에서 간음하다 잡혀온 여인에게 말씀하시기를 "나도 너를 정죄하지 아니하노니 가서 다시는 죄를 범하지 말라." 〈요한복음 8:11〉 말씀하시면서 용서해 주셨다.

모든 사람은 다 허물이 있고 죄가 있습니다.
"의인은 없나니 하나도 없으며 깨닫는 자도 없고 하나님을 찾는 자도 없고 다 치우쳐 함께 무익하게 되고 선을 행하는 자는 없나니 하나도 없도다." 〈로마서 3:10〉

친구와 함께
괌으로

소개서 친구에게 해외로 보내달라고 부탁을 하고 2002년 2월에 친구와 함께 괌을 갔었다. 그곳에 무비자로 취업하여 음식점에 주방장으로 일을 했다. 보름간 열심히 일을 했는데 무비자라는 이유로 늘 구박을 받았다. 항상 쫓겨날까 하는 두려움으로 하루하루를 불안감 속에서 지냈다.

하루는 가게에서 술에 취한 사람이 나를 밀어서 타일 바닥에 나가 떨어져 뇌진탕으로 죽을 뻔까지 했었다. 그 때 나는 한인교회에 다니시는 오명희 권사님께 전화를 걸어 도움을 요청했다. 얼마 시간이 지난 뒤 오 권사님이 숙소로 오셔서 나를 차에 태워 집으로 가서 정성껏 치료해 주셨다. 오명희 권사님은 괌에서 책방을 하시고 계셨다. 며칠간 치료를 받으면서 생각해보았다. 이곳에도 있을 곳이 못되는구나 하고 다시 한국으로 돌아가기로 결심을 했다. 그리고 오명희 권사님이 공항까지 안전하게 태어다 주셔서 무사히 한국에 도착 할 수 있었다. 그러나 나는 내 인생을 엉망진창으로 만든 한국에서 살기가 싫었고 또 다시 외국으로 돈 벌러 떠나야겠다는 결심을 하고 그 후 한 달 있다가 다시 일본으로 가기로 결심을 했다.

한국에서의 수많은 세월 속에 나의 몸과 정신적인 마음을 아프게 하고 할퀴고 갔던 인생들과 용서할 수 없는 많은 원수들이 있었다. 하지만 그들을 미워하지 않는다. 나를 스쳐간 수많은 사람들 속에 부딪치면서 내가 상처를 받기도 했지만 반대로 내가 그들에게 상처를 준 것도 많았다. 내가 상처를 받은만큼 나도 그들에게 셀 수 없을 정도로 많은 상처를 입혔다는 것을 생각하면 미워하고 정죄할 필요가 없다. 나는 지금 하나님의 크신 은혜를 깨달아서 오히려 나를 해하고 아프게 한 그 사람들에게 감사하며 용서를 구하며 회개하는 마음으로 나를 뉘우치며 날마다 복종하며 겸손하게 살아가려고 노력하고 있다.

"전에는 우리도 다 그 가운데서 우리 육체의 욕심을 따라 지내며 육체와 마음의 원하는 것을 하여 다른 이들과 같이 본질상 진노의 자녀이었더니 긍휼이 풍성하신 하나님이 우리를 사랑하신 그 큰 사랑을 인하여 허물로 죽은 우리를 그리스도와 함께 살리셨고 너희는 은혜로 구원을 받은 것이라." 〈에베소서 2:3-5〉

2부

2002년6월19일
일본(日本) 도착

2002年6月19日 일본 日本
센다이공항(仙台空港)에 도착하다

　대한민국 대부분의 사람들이 가지고 있는 의식이 여자가 일본에 가면 몸 팔러 간다고 부정적인 생각을 한다. 나부터 그럴지도 모른다는 생각을 잠시 했었다. 하지만 나는 그 사람들이 그러거나 말거나 상관없이 오직 딸을 찾기 위해 돈을 벌어야겠다는 마음뿐이었다. 나는 일본이 세계에서 가장 잘사는 나라라고 생각하고 무조건 돈을 많이 벌 것이라고 마음먹었다. 하지만 이런 오지 같은 시골에 와서 산다는 것은 한 번도 생각해 본적이 없었다. 나는 어느 누구보다 돈 방석에 앉아 호강할 것이라고 야무진 꿈을 가슴에 품고 있었다. 큰 꿈과 비전을 가지고 멋지게 성공해 볼 것이라고 마음먹고 센다이(仙台) 공항 비행기를 탔다. 일본에 살고 있는 친구 초대로 일본에 건너온 나는 부풀었던 마음과 설레임과 기대는 나와는 상관없이 점점 실망과 절망으로 내게 다가왔다. 내가 간 곳은 오지 야마가타현 모가미(山形県最上町)마을의 시골이었다.

그리고 일본에서 생활한 지 얼마 지나지 않아 어느 날 친구가 나보고 "일본 남자를 소개해줄 테니 결혼을 하지 않겠어?"라고 하는 것이었다. 결혼을 네 번이나 실패한 나에게 또 결혼을 하라는 재의를 받은 것이었다. 하지만 한국에서 남자에 대한 상처가 너무 커서 만나고 싶지도 않았고 이젠 남자라면 지긋지긋했는데 또 다시 일본인과 결혼을 할 것인가 말 것인가 몇 번이나 망설였다. 또한 한국에서 나는 그토록 열심히 살아보려고 혼인신고를 몇 번씩 올렸는데 정말 진절머리가 났다. 하지만 나는 그 동안 어차피 망가질 대로 망가진 몸이니(마지막으로 선을 한번 보자!)라고 생각한 끝에 몇 번에 걸쳐서 맞선을 봤다. 마음에 별로 들지 않았기 때문에 그냥 한국으로 돌아갈까 생각 했을 때 친구는 마지막으로 선을 보라고 하는 것이다.

그렇게 마지막으로 선을 본 남자는 머리가 하얗고 얼굴은 빤질빤질하고 키는 작고 나이 많은 늙은 할아버지 같아서 시아버지인가 했다. 그런데 그 분이 나의 남편 될 사람이라고는 꿈에도 생각지도 못했다. 여자인 나도 못생겼지만 그 남자의 외모가 정말 마음에 들지 않았다. 그러나 항상 만날 때마다 생글생글 웃는 얼굴에 친절도 하고 심성도 착해 보이기도 했다. 또한 나에게 가장 중요한 것은 결혼대상이라면 가난한 사람은 정말 싫었다. 너무나도 많이 고생한 경험이 있었기 때문이었다. 이제 다시 만나 살 사람이라면 마음이 착하고 돈 많은 부자를 결혼대상으로 만나서 고생에서 해방되어 편안하게 남은 삶을 행복하게 살고 싶었다. 그리고 중매쟁이가 "이 사람의 집은 돈이 많은 집이예요. 잘 사니까 인물과 나이는 무슨 문제가 되는가요?"라고 하기에 나는 중매쟁이의 말을 듣고 결혼하기로 결정했다.

"때에 미디안 사람 상고들이 지나는지라 그들이 요셉을 구덩이에서 끌어올리고 은 이십 개에 그를 이스마엘 사람들에게 팔매 그 상고들이 요셉을 데리고 애굽으로 갔더라." 〈창37:28〉

창세기 37장에서 이스라엘 열두 아들 중에 요셉은 자신이 꾼 꿈을 형제들에게 이야기 한 것 때문에 형제들이 시기하여 미디안 사람 상고들에게 은 이십 개에 파는 놀라운 사건이 나온다. 그러나 나는 돈 벌어 딸을 찾기 위해 일본에 왔는데 중매소개비 3천만 원에 일본에 팔려온 몸이 되었다.

한국에서 몇 번씩 남편 복이 지지리도 없어 고생을 한 나는 다시는 남자를 만나지 않겠노라고 생각했는데 결국 2003년 6월19일 마지막으로 선을 본 그 남자와 혼인신고를 해버렸다. 남편 오오바 사이치상이었다. 첫날밤이었다. 말은 통하지도 않았지만 눈짓 손짓 발짓으로 소통이 가능했다. 그런데 통장을 몇 개 가져오더니 나에게 보여주는 것이었다. 그러면서 남편은 나에게 "우리 집은 돈이 없어! 빚도 일억 가까이 졌어!"라고 하는 것이었다. 그리고 아게미(明美)와 결혼 한 것도 빚을 내서 중매쟁이를 줬다고 하였다. 또한 재산은 토지, 산, 집뿐이며 언제 빚 때문에 재산이 넘어 갈지 모른다고 말하는 것이었다. 그 재산은 농협에 담보로 설정해 놓고 대출을 얻어 쓴 것이고 토지를 팔아도 빚을 다 갚을 수 없다고 하였다. 청천 벽력 같은 일이었다. 너무 기가 막혀 엉엉 울었다.

'내가 왜 이 넓은 일본 땅덩어리에 그것도 하필이면 오지마을 모가미(最上) 산골짝 농사꾼한테 시집을 왔는가?'하고 한탄을 하였다. 이제 나보고 어떻게 하라고 앞으로 내 인생은 어떻게 살라고 하는 건가? 돈도 없는데 왜 결혼을 하려고 했냐 하면서 내 인생이 이 꼴이 뭔가 하고 혹을 떼려다가 혹을 붙였으니 정말 하늘이 원망스러웠다. 이젠 나는 어디로 가야하나 한국에서 고생하기 싫어서 일본에 와서 멋지게 살아보려고 했다. 또한 돈을 벌어서 하루라도 빨리 딸을 찾으려고 했는데 모든 꿈과 희망이 한순간에 사라져 버렸다. 혼인신고는 이미 하였고 일억이란 빚을 어떻게 갚아야 하나 하면서 근심과 걱정 속에 눈물로 세월을 보냈다.

이렇게 하루하루를 보내던 중 나는 '이렇게 있을 수는 없다! 여기서 이렇게 고생 할 바에는 한국에 돌아가서 식당에 들어가 일을 하면 더 나을 것 같았다'라는 생각을 하며 모든 것을 정리하고 떠나려고 하는 순간 한국에 있는 친구가 생각이 났다. 내가 한국에서 일본으로 들어오기 전에 친구가 돈을 그냥 갖고 있지 말고 이자를 놔서 불려보라고 하는 말에 솔깃하여 맡겼다. 그리고 난 일본에 들어왔다. 그리고 한국으로 다시 나가려고 하던 중 한국에다 전화를 걸어 돈을 회수하기 위해 알아보니 전문 사기꾼한테 물려서 돈을 못 받게 되었다고 한다. 그 사기꾼은 다른 사람에게도 많은 피해를 주고 교도소에 들어갔다고 한다.

나는 어디 가서 돈을 받을 것인가? 결국 한국에 돌아가 봐야 반겨 주는 사람도 없고 돈도 없고 돌아갈 집도 없었다. 결국 나는(最上町 山の中に) 모가미 마을 산속에서 안타깝게도 발이 묶이고 말았다.

남의 허물 보는
기쁨조

일본에 살다보니 주부들 중에 남의 작은 실수나 과거사를 가지고 흉보고 헐뜯으며 수다로 하루하루를 보내는 철없는 교포들이 너무 많아 가슴앓이가 다시 돋아나기 시작했다.

남의 허물을 보아야 만족하는 사람들도 있고 누가 또 허물이 있나 찾아다니는 사냥꾼들은 입으로 불어야 즐겁고 약점 있는 사람만 노리고 뉴스거리를 찾아 나선다.

"허물을 덮어주는 자는 사랑을 구하는 자요 그것을 거듭 말하는 자는 친한 벗을 이간하는 자니라." 〈잠언서 17:9〉

나는 일본어로 인사조차 할 줄 모르고 일본에 왔으나 언어와 문화생활, 음식도 맞지 않고 운전도 할 줄 모르고 또 외로움을 달랠 길이 없었는데 그 때 우연히 한국 여자를 만나게 되어 너무나 반

가웠다. 그리고 서로가 이국땅에서 마음을 의지할 수가 있어서 위로가 될까 했는데, 사귀고 보니 좋은 일보다는 오히려 같은 민족끼리 사기치고 누명 씌우고 많은 상처와 아픔을 받기도 했다. 나처럼 일본에온 한국여자들을 보니 한국에서 많은 아픔과 상처를 갖고 일본에 큰 꿈을 가지고 왔지만 그들 또한 나와 같은 비슷한 처지에 있는 것을 볼 수가 있었다.

나는 일본어 교실에서 여러 명의 한국 여성 중에서 한 사람을 알게 되었다. 그는 나보다 나이가 많았다. 일본에도 나보다 먼저 들어왔다. 나는 처음부터 일본어를 몰라 000여자를 의지하며 친언니같이 지내왔다. 외국생활의 외로움을 전부 그에게 쏟아 부었다. 나에게 있는 모든 정을 아낌없이 주었다. 내 나름대로는 잘해주고 싶었다. 어느 날 000여자는 내 블라우스를 빌려갔다. 신학교 졸업식 때 선물로 받은 블라우스였다. 아끼던 옷이었는데 그 여자가 빌려가더니 몇 달이 되어도 돌려주지 않는 것이다. 그러던 어느 날 나는 블라우스를 돌려달라고 말을 했다. 그 여자는 자기 방 장롱에서 내 블라우스를 꺼내더니 나에게 주는 것이었다. 입어보니 사이즈가 큰 것이었는데 내 몸에 들어가지가 않았었다. 자세하게 살펴보니 나에게 말 한마디 없이 자기 마음대로 블라우스를 자기 몸에 꼭 맞게 줄인 것이다. 난 너무 기가 막히고 말이 나오지가 않아서 싸우기는 더더욱 싫어서 그냥 아무 말 없이 그 여자에게 주었다.

하지만 그 후부터 000여자는 일본인 우리시댁 친척 집에 가서 내 허물보따리를 풀기 시작했다. 만나는 사람들한테 나를 나쁜 여자로 소문을 내고 허물을 보는 것이었다. 나를 한국 사람들에게 완전히 나쁜 여자로 매장을 시켰다. 그들과 차 한 잔 마신적도 만난 적도 없는데 소문으로만 듣고 나의 인격을 완전히 짓밟아 놓았다. 나는 일본에 와서 도박과, 술 그리고 사람들과도 어울리지도 않았다. 그리고 남에게 피해를 주거나 함께 밥을 먹어본 적도 없는데 일방적으로 다른 사람의 소문만 듣고 판단하는 사람들이 너무나 기가 막혔다. 일본까지 와서 그렇게 살고 싶지 않아서 정말 정신 차리고 살고 싶었다. 또한 이국 땅 일본에서 살고 있는 한국 여자들끼리 서로 위로하며 사랑하고 도우며 살아가는 것인 줄만 알았다. 그런데 자기 기분이나 사상과 철학이 맞지 않으면 전부 적이고 원수로 여긴다. 그리고 남을 무시하고 짓밟고 자신만 높아지려는 사람들로 가득한 것이었다. 자기가 괜찮은 여자고 똑똑하다는 것을 과시하는 것이었다. 해외에서는 남의 흉이나 보고 허물을 들춰내는 공장이라고 부르고 싶을 정도였다. 자기가 자신의 허물을 감추기 위해서 상대를 매장시키는 것은 어리석은 줄 모르는 것이다. 거짓을 꾸며서 없는 말을 만들고 자신이 정직하다는 것을 내세우기 위해 치열한 전쟁을 하는 것 같다.

"너는 이것을 알라 말세에 고통 하는 때가 이르러 사람들이 자기를 사랑하며 돈을 사랑하며 자랑하며 교만하며 비방하며 부모를 거역하며 감사하지 아니하며 거룩하지 아니하며 무정하며 원통함을 풀지 아니하며 모함하며 절제하지 못하며 사나우며 선한 것을 좋아하지 아니하며 배신하며 조급하며 자만하며 쾌락을 사랑하기를 하나님 사랑하는 것보다 더하며 경건의 모양은 있으나 경건의 능력을 부인하는 자들에게서 네가 돌아서라."〈딤후 3:1-5〉

목사도
문신하니

　나는 한국에서 일본에 들어오기 전에 친구의 권유로 내 몸에 작은 문신 한 개를 했었다. 세상에서 타락하며 살았을 때 나에겐 인생의 출구가 보이지 않았다. 그 때는 정말 희망도 삶의 의욕도 포기했었다. 그 때 친구의 말은 '악세사리처럼 예쁜 작은 체리 모양 한 개 해봐 기분 전환이 될 거야'라는 커다란 유혹이었다. 하루는 일본 목욕탕에 갔다가 목욕탕에 온 한국여자들이 타올로 가려진 나의 문신을 본 사람들이 있었다. 수다쟁이 엄마들에게는 큰 이슈가 되었는지 동네방네 한국인들에게 나팔을 불기 시작하여 소문에 소문이 나기 시작했다. 그들 모두 안 좋은 시선으로 나를 바라보고 있는 모습이 마침 나를 죄인처럼 여기며 일제히 나를 피하고 상대를 하지 않으려고 했다. 문신은 하나님 앞에 돌아오기 오래전에 한 것인데, 말 많은 한국 교포들이 목사도 문신하냐! 하면서 오해를 하고 있다. 나는 후회도 많이 하고 뉘우치면서 주님 앞에 날마다 눈물로 많이 회개 했다. 하나님이 만들어 주신 몸을 훼손 한 것이 죄송스러웠다. 하나님께 회개하는 마음으로 더 가까이 나아가고 있다. 죄인이기에 항상 주 앞에 머리를 숙이고 참회하며 더욱 주를 의지한다.

"여호와께서 말씀하시되 오라 우리가 서로 변론하자 너희의 죄가 주홍 같을지라도 양털 같이 희어질 것이요 진홍 같이 붉을지라도 양털 같이 희게 되리라." 〈이사야 1:18〉

"그런즉 누구든지 그리스도 안에 있으면 새로운 피조물이라 이전 것은 지나갔으나 보라 새 것이 되었도다." 〈고린도후서 5:17〉

일본인과 결혼하여 일본에 들어온 한국 여성들을 보면 여러 가지 많은 사연을 가지고 있었다. 정신적으로 많은 아픔과 고생을 겪고 고생하는 사람도 있었다. 나는 일본인과 결혼해서 하루하루를 살아가는 것이 연탄불 위에서 사는 삶처럼 살지 않으면 안 되었다. 시어머니와 남편은 돈 벌어 오라고 매일 구박하고 정말 스트레스로 인해서 정신이 확 돌아버릴 정도였다. 일본에서 생계를 유지해나가자면 부부가 함께 일을 하지 않으면 생활을 해나가기가 어렵다. 생전 농사일도 못해본 나는 모판을 들고 논에 나가서 일을 한다는 것은 상상도 되지 않았다. 흙이 옷에 묻어서 부끄럽고 창피하기도 했다. 그런 나는 또 다시 엉엉 울면서 신세타령을 해보았다. 이 일본 땅에 울려고 온 건지, 이런 고생을 하려고 내가 태어난 고국을 버리고 태평양을 건너 이곳 낯선 일본 땅에 무엇 때문에 왔을까 하는 생각에 눈물은 하염없이 볼을 타고 흘러 내렸다. 그리고 모를 한웅큼 손에 쥐고 허벅지까지 오는 긴 장화를 신고 논으로 들어갔다. 그리고 모를 조금씩 떼서 기계가 들어가지 않은 곳곳에 심었다. 그렇게 몸을 구부리고 일을 한 나는 너무나 피곤하고 힘도 들었고 뜨거운 땡볕에 지쳤는지 결국 논바닥에서 쓰러지기도 했다. 몇 날 며칠을 몸살에 걸려 끙끙 앓고 자리에 누워서 외로움과 고독과 혼자 싸워야만 했다.

그뿐만 아니다. 한국보다 일본의 물가가 10배 비싸다고 하지만 우리가정 형편을 보면 살림을 꾸려나가기엔 너무나도 힘들었다. 남편이 월급을 타면 반 정도는 세금으로 나가고 남은 돈으로 살아야만 했다. 그러나 이것으로는 너무나도 부족했다. 나는 그 때 일본의 국민들은 세금내기 위해 돈 버는 것 같다는 생각이 들기까지 했다. 나는 한국에서의 생활을 생각하고 남편이 돈 벌어 오면 부인에게 갖다 주고 편안하게 살림만 하는 줄 알았다. 그것은 나만의 생각으로 끝났다. 중매 소개비 3천만 원에 팔려온 나는 이집에서 죽어라 일을 하지 않으면 안 되었다. 그 돈도 내가 받은 것도 아니고 중매쟁이가 전부 받아 챙겼다. 아무 것도 모르는 우리 시집식구는 안타깝게도 내가 중매 비를 다 받아 챙긴 줄로만 알고 있었다. 그야말로 사람 장사였다. 오고 가고 비행기 값 30만 엔만 받고 종으로 살아야 했다. 일본 생활의 괴로운 나날은 죽지 못해 사는 삶 이었다. 홧병까지 생겨서 병원에 가서 치료를 받아도 낫지 않았다. 견디다 못해 나는 동네에 교회가 있었으면 찾아가서 맘 놓고 울기라도 할 텐데 워낙 산골 오지 같은 마을이라 갈 곳이 없었다.

어느 날 나는 우리 집 논에 있는 기계 창고에 들어가서 다락에 올라가 보았다. 나무들이 여기저기 늘어져 있었고 쥐똥들이 바닥에 새까맣게 깔려 있었다. 청소할 시간도 없이 나는 참고 있었던 눈물을 확 쏟으며 큰소리로 "주여! 내 마음에 아픈 상처를 치료해 주시옵소서."라고 울부짖으며 기도를 하였다. 온 몸을 뒹굴면서 창고안의 기둥나무를 붙잡고 그 동안 사람들에게 받은 상처를 치유받기 위해 몸부림치면서 울부짖었지만 홧병은 여전히 나를 괴롭혔다. 잠을 자려고 하면 억울한 내 인생이 떠올라 자다가도 자리에서 벌떡 일어나서 멍 하니 정신 나간 사람처럼 앉아있는 날들이 자주 있을 수밖에 없었다. 하지만 일본인 남편은 마음이 너무나 착하고 멋진 사람이었다. 그렇게 울고 있는 나를 끌어안고 함께 울어주며 위로해 주는 것으로 나는 커다란 위안이 되었다.

들짐승과
언약

　시골이라 어디 직장에 들어가서 일을 할 만한 곳도 없었기에 시댁부모 눈치 보기 싫어 매일 산에 다니기 시작했다. 한국에서는 생전 산에 올라가 나물을 캐 본적도 농사를 지어 본적도 없었다. 산에 올라가보니 이곳은 아주 많은 나물들이 보였고 나는 이름 모를 산나물, 버섯 아무거나 닥치는 대로 캐가지고 집에 가지고 오게 되었다. 주위사람들에게 검사를 받아보니 전부 독버섯이었고 못 먹는 나물들뿐이었다. 하지만 이대로 집에서 아무것도 하지 않고 있을 수만은 없었다. 그래서 주위 분들에게 사람이 먹을 수 있는 산나물이 무엇인지 배워서 산에서 캐어서 가게에 내다 팔기도 했다. 고사리, 고비 한국에서 보지 못한 신기한 산나돌도 있었다.

　산속에는 무서운 들짐승들이 많이 있었다. 처음 내가 혼자서 산속에 들어갔을 때 산이 너무 무서워 등에서는 식은땀이 흘렀다.

집에서는 시집식구 눈치 보랴, 산에 가면 들짐승 눈치 보랴, 어디다 마음을 두고 살아야 할 것인가? 사슴, 여우, 뱀, 오소리, 원숭이, 곰 여러 야생 동물과 부딪치면서 다녀야했다. 방금 곰이 다녀간 흔적이 남아있고 금방 왔다 간지 얼마 안 되었는지 똥을 무더기로 싸고 간 자리에 김이 모락모락 나고 있는 것을 보기도 하였다. 그렇다면 지금 곰은 가까운 곳에 있다는 증거다. 그 때 나는 나물 캐던 것을 멈추고 나물 보따리를 내 던지고 도망을 치는 것이 일쑤였다. 그리고 진짜 곰을 만난 적도 있었다. 심장이 두근두근 콩당콩당 뛰면서 그 날 밤은 잠을 자지 못하고 몇 날 며칠을 꿈속에서도 곰이 나타나 늘 괴롭혔다. 그래도 일본 시어머님한테 구박받는 것보다 낫겠지 하고 이를 악물고 새벽안개를 헤치고 산을 향해 올라갔다. 오히려 시어머님에게 구박받는 것보다 산에 들짐승하고 친해지는 것이 더 편하다고 생각했다. 산속에 들어갈 때는 라디오나 호루라기를 준비하고 들어가서 크게 소리를 내면 곰이 미리 피해 버렸다.

한 번은 여우한테 홀려서 끌려간 적이 있었다. 여우는 가다가 멈추고 뒤를 돌아보며 기다렸다. 나는 멍청하게 여우를 따라 뒤를 쫓아서 가다보면 위험한 깊고 깊은 산속으로 유혹당하기도 했었다. 언젠가 가을에 버섯 따러 혼자 산에 갔었다. 산언덕 아래를 내려다보니 버섯들이 탐스럽게 모여 있었다. 어느 누구도 내려가서 버섯을 왜 따지 않았을까 하고 좋아서 마음 놓고 언덕에 내려가 바구니에 가득 담을 만큼 땄었다. 그리고 옆을 보니 갈대나무 사이에 누가 지나갔는지 길이 보였다. 갈대나무 사이를 따라서 들어가 보니 왠지 기분이 나빴다. 그리고 마음이 내키지가 않아 되돌아 왔다. 마을에 와서 동네 분들에게 물어보니 사람들이 하는 소리가 그곳이 땜이 있는 곳인데 곰이 물 마시러 들어간다고 하는 것이다. 그래서 사람들이 버섯이 있는데도 못 들어갔다는 것을 그때 알았다. 그 후 꿈속에서도 눈앞에 곰이 왔다 갔다 하는 것이 보였다.

"장차 들짐승 곧 승냥이와 타조도 나를 존경할 것은 내가 광야에 물을, 사막에 강들을 내어 내 백성, 내가 택한 자에게 마시게 할 것임이라." 〈이사야서 43:20〉

지진에서 도와주신
하나님

"하나님은 우리의 피난처시요 힘이시니 환난 중에 만날 큰 도움이시라 그러므로 땅이 변하든지 산이 흔들려 바다 가운데 빠지든지 바닷물이 솟아나고 뛰놀든지 그것이 넘침으로 산이 흔들릴지라도 우리는 두려워하지 아니하리로다(셀라)"〈시편 46:1-3〉

2007년 6월 어느 금요일이었다. 나는 일본인 2명의 아줌마와 아키타현(秋田県)에 있는 그리고마라는 높은 산에 죽순을 따러 가기로 약속을 했었다. 약속한 시간은 토요일 날 새벽에 일찍 만나서 함께 가기로 결정했었다. 나는 보통 때도 혼자서 2시간정도 시간이 소요되는 미야기현(宮城県)을 돌아서 아키타현(秋田県)에 죽순을 따러 다녔었다.

그 날도 어김없이 새벽 6시경에 출발하기로 되어있었는데 갑자기 떠나기 전날 저녁이었다. 그 날은 금요일이었다. 그런데 갑자기 나의 마음에 이상한 변화가 온 것이었다. 왠지 산에 가고 싶은 마음이 내키지가 않았다. 그래서 약속한 아줌마들한테 전화를 걸어 산에 가는 것을 취소 했었다. 그 이튿날 토요일 아침 8:15분경 이었다. 미야기현으로 가는 산길에 큰 지진이 일어나고 말았다. 내가 평소에도 잘 다니는 그 산길에서 그 날 아침 시간에 지진이 일어날 줄 정말 몰랐었다. 이럴 수가 있을까. 하나님께서 나를 지진 나는 줄 알고 미리 막으시고 지켜주신 것인가,라는 생각이 들었다. 동네 주민들의 문의전화가 걸려왔다. (明美)아게미는 어떻게 됐느냐 하며 산에 갔냐고 물어왔다. 나는 그 때 마음이 내키지가 않아서 약속을 취소했다고 말했더니 당신이 믿는 하나님이 지켜 주셨나보다 라고 말을 하는 것이다. 정말 하나님께서 나를 도와주신 것이었다. 만약에 그 시간에 그곳으로 갔다면 지금까지 나는 살아 돌아오지를 못했을 것이다. 그 날 산에 죽순 따러간 많은 사람들이 지금도 행방불명이 되어 돌아오지 않고 있다고 한다. 다리가 끊어지고 산이 무너지고 민박집들이 매몰되고 온천에서 즐겁게 식사하다가 그대로 산에서 내려오는 흙더미에 깔려 영원히 돌아올 수 없는 곳으로 사라졌다.

일본이라는 나라에 와서 살면서 일본 땅 여러 곳곳에서 지진이 자주 일어나는 것을 전혀 몰랐다. 자주 시도 때도 없이 지진으로 흔들리는 삶속에서 이제는 이력이 났는데 처음 몇 번은 지진이 일어났을 때 겁을 먹고 도망가기에 바빴지만 지금은 지진이 나면 '아… 또 시작이구나' 하고 잠시 지진이 멈출 때까지 조용하게 감상을 한다. 그뿐만 아니다. 모가미(最上) 지역은 언제 화산 폭발이 일어날지 아무도 예측을 못한다. 오래전에 모가미 지역은 화산으로 폭발한 적이 있었다고 말을 한다. 온천이 많이 있는 지역은 화산폭발 위험성이 제일 많은 곳이다. 내가 살고 있는 모가미(最上) 산골짝은 5분 거리에 1만가구가 모여살고 있는 아름다운 시골마을이다. 천년 온천과 스키장이 유명한 관광지역이기도하다. 처음으로 태어나서 일본에서 보는 겨울 날씨는 눈이 엄청나게 많이 내리는 곳이다. 동경(東京) 호카이도(北海道) 중간사이에 있는 야마가타현(山形県)이다. 북쪽에 위치한 곳이다. 몇날 며칠을 멈추지 않고 눈이 5~6미터가 내려 지붕에서 썰매를 타기도 한다. 많은 사람들은 삽을 들고 지붕에 올라가 지붕이 무너지지 않게 눈을 밑으로 쓸어내린다.

그리고 한국 여자 분이 일본인과 결혼하고 얼마 안 되어 그분의 남편이 지붕에 눈을 쓸어내리기 위해 올라갔다가 그만 미끄러져 마당으로 추락하는 바람에 목숨을 잃은 일도 있었다. 정말 안타까운 일이었다. 영화에서만 봤던 것인데 직접 내 눈앞에서 펼쳐진 눈보라가 시베리아 벌판을 연상케 하는 날씨였다. 달리던 열차가 멈추고 승용차들은 미끄러져 충돌사고가 잇달았다. 정말 눈 속에 터널이었다.

우리 집 주변은 앞뒤가 산으로 덮여 있어 겨울에는 하얀 눈으로 쌓여있고 그칠 줄 모르는 눈보라와 바람이 우리 집 창문을 뒤흔든다. 문을 열고 하염없이 내리고 있는 눈을 바라보면 왜 그리 외롭고 쓸쓸한지 눈물로 마음을 달래었다. 감옥도 이런 감옥은 없을 것이다. 감옥에는 사람구경이라도 할 수 있지만 이곳은 사람구경조차 하기 힘들고 볼거리가 없었다. 주민들은 저마다 집안에 들어앉아 꼼짝을 안 한다. 눈보라가 강하게 불면 집이 마구 흔들려서 지진이 일어나는 것 같았다. 주변이 산으로 둘려있는 우리 집 앞마당은 지붕에서 떨어진 눈을 치우는 것이 하루 종일 일과였다. 아무도 날 찾아오는 사람도 없었고 대화조차 할 수가 없어 입은 멈추고 머나먼 산을 바라보며 눈물이 마를 날이 없었다. 그렇게 삶의 의욕조차 없이 생활 속에 시간이 흐르고, 마침내 나에게 봄이 찾아왔다.

빵점짜리가
운자면허 받다

　나는 일본에 와서 결혼 한지 2년 만에 운전 면허시험에 합격을 했다. 한국에 있을 때 운전시험을 학과에서 8번을 봤지만 매번 떨어졌다. 나는 그 때부터 머리가 나쁘다고 생각하고 죽을 때까지 운전을 못할 것이라고 생각하고 포기한 상태였다. 학교 다닐 때도 공부를 못해서 아예 빵점만 맞고 왔던 내가 무슨 운전면허를 딸 수 있을까 하고 생각을 했었다. 운전면허시험을 본다는 것은 상상조차 못하고 포기한 것이다. 그런데 일본에 와보니 운전을 안 하면 살수가 없었다. 운전만이 교통수단이었기 때문이다.

　2005년도에 남편이 운전면허를 따오라고 해서 돈을 받았다. 한국 가서 필기와 기능면허 시험을 한 번에 합격하고 운전면허를 발급받았다. 한국에서 면허를 따면 3개월간 체류하고 돌아와야 했다. 일본으로 돌아와 한국 면허증을 일본 면허증으로 새로 발급받아서 지금까지 안전하게 운전을 하고 있다. 모든 것이 하나님의

은혜다. 나는 운전면허조차 따지 못하는 부족한 사람이었다. 하나
님 우리 아버지는 정말 좋은 분이시다

죽순 따다가
벼랑에서 주님을 만나다

"내가 산을 향하여 눈을 들리라 나의 도움이 어디서 올까 나의 도움이 천지를 지으신 여호와에게서로다"〈시편 121:1~2〉

그 때부터 운전을 하면서 간 곳이 우리 집에서 두 시간 정도가 걸리는 아끼타현(秋田県) 그리고마라는 높은 산으로 올라갔다. 싱싱한 죽순을 새벽에 따서 아침에 시장에다 팔아야 했기에 새벽2시에 일어나 도착한 나는 높은 산꼭대기에 올라가 날카로운 죽순 밭을 뒤지며 손가락만한 자연 죽순을 따서 배낭에 집어넣었다. 나는 죽순을 엎드려서 한 개를 따고 일어서는 도중에 나무 가지가 귀에 깊이 찔러 피가 흐르고 있었다. 귀에 찔리는 그 순간 "악~하고" 큰 소리로 소리를 내며 귀에 꽂힌 나무를 뽑았다. 귀에서 피가 줄줄 흘러내리기 시작했다. 앞이 캄캄하고 아파서 눈물만 나고 서글퍼서 이를 꼭 깨물자 신음소리가 입에서 저절로 나오기 시작했다.

내리는 비에 온 몸은 흠뻑 젖어 있었고 땅바닥에 주저앉아서 얼굴을 땅에 떨구고 한참을 울어 댔다. 이렇게 아픈 나를 죽순 나무는 그냥 내 버려두지 않았다. 죽순 밭을 헤쳐서 걸어 나오는 도중에 어디에서 튕겨 나왔는지 나무 가지가 내 눈을 찔러 버렸다. 갑자기 별이 번쩍 보이면서 앞이 보이지가 않아 두 손으로 더듬거리며 산속에서 길을 찾아 헤맸다. 그곳을 나오기까지 죽순 나뭇가지에 이리 튕기고 저리 튕기고 죽순 나무에 얼마나 매를 맞았는지 모른다.

어느 날인가 산에 가서 죽순을 따다가 갑자기 하열을 하기 시작했다. 주체할 수 없이 많은 양의 피가 자궁에서 흘러내려 그리고 마산을 빨갛게 물들였다. 시뻘건 피가 넙적 다리 밑으로 줄줄 타고 흘러내리는 것이 아닌가. 흘러내리는 피를 막을 수가 없었다. 바지는 피에 젖어 3시간이나 걸려서 죽순을 따서 배낭에 가득 넣고 20키로나 되는 가방을 어깨에 메고 1시간이나 되는 길을 걸어 나와야 자동차 있는 곳으로 돌아갈 수가 있었다. 피를 흘리고 난 후에 온 몸은 현기증이 일어나면서 어지러웠다. 무거운 죽순 배낭을 등에 메고 넘어질듯 기우뚱하면서 걸어오다가 다리에 힘이 빠져 그만 벼랑언덕에서 굴러 떨어지다가 죽순나뭇가지를 움켜잡았다. 나는 나뭇가지를 움켜잡고 벼랑에서 떨어지지 않으려고 있는 힘을 다하여 노력했다. 발목은 골절을 입었고 사람의 그림자라곤 볼 수없는 그 때에 산속에서 소리질러봐야 메아리소리뿐이고 나의 울음소리뿐이었다.

나는 엉엉 울면서 내가 왜 이렇게 살아야 하는가. 벼랑에서 떨어져 얼굴과 온 몸은 온전한 데가 없이 여기저기에 찢긴 상처와 피투성이 자체였다. '난 내 자신이 지금 무슨 짓을 하고 있는 건지, 왜 내가 이 그리고마 산골에서 이렇게 죽어가야만 하는가, 행복을 찾아온 것이 이런 것인가, 산나물 따다가 죽는 것이 내가 원했던 최고의 행복이었던가. 이것이 딸을 찾기 위한 방법이었나'라는 생각을 하면서 울부짖었다. 아무 생각 없이 한참을 앉아 있는데 갑자기 나는 지난날에 행복했던 추억이 주마등처럼 스쳐가기 시작했다. '주여! 도와주세요.'라는 소리를 내며 누군가가 나를 구해줄 것을 기다리고 흐느끼며 울고 있었다.

"야곱아 너를 창조하신 여호와께서 이제 말씀하시느니라 이스라엘아 너를 조성하신 자가 이제 말씀하시느니라 너는 두려워 말라 내가 너를 구속하였고 내가 너를 지명하여 불렀나니 너는 내 것이라" 〈이사야 43:1〉

"세월을 아끼라 때가 악하니라" 〈에베소서 5:16〉

어디선가 그 때 나에게 주님의 음성이 들려왔다.

"사랑하는 딸아 내가 얼마나 너를 기다렸는지 아느냐? 네가 나를 버렸지 나는 너를 버린 적이 없단다. 네가 돌아오기만을 10년 동안 매일 기다렸단다. 일어나라 내가 너를 도우리라. 이제부터 너는 내 것이다. 세월을 아끼라 때가 악하니라. 너를 인도할 것이다."

나는 산언덕에서 굴러 떨어 질까봐 죽순 나무를 꽉 잡고 머리를 언덕 벽에다 비비며 나도 모르게 '주님! 살려 주세요!' 삶과 죽음 앞에서 나는 주님을 찾기 시작했다. 항상 내 삶의 벼랑 끝에서 찾고 있는 나의 모습이 너무나 서글프고 주님께 죄송했다. 나는 회개하기 시작했다 '주님, 이번에 살려주시면 정말 주님이 원하는 삶을 살아갈게요, 잘못했어요, 용서해 주세요. 주님의 부름에 불순종한 죄인을 용서해 주세요.'

죽순 나무에 매달려 생과사의 갈림길에서 무섭고 두려운 시간이 흐르면서 마음속 깊은 어디에선가 죽음을 초월하는 무어라 표현 할 수 없는 평안함이 찾아오기 시작했다. 이것이 주님이 주시는 것인가? 주님이 날 잡아주시나! '주님 어디계세요? 주여! 보고 싶었습니다. 주님이 그리웠습니다.' 그리고 옛날에 전도사 생활할 때 얼마나 행복했는가, 많은 성도님들이 전도사님, 전도사님 하면서 섬겨주던 생각이 주마등처럼 스쳐 지나가기 시작했다. 그 때는 그래도 대접 받고 섬김 받고 행복했는데 그런데 이 먼 타국 일본에 와서 이 무슨 고생이란 말인가, 나는 지나간 세월이 떠오르며 '하나님! 하나님 감사합니다. 감사합니다' 부르면서 회개하기 시작했다.

산속에는 억수같이 비가 내리는 가운데 내 몸은 상처가 나서 찢기고 시퍼런 멍이 들고 아파서 견딜 수가 없었다. 울부짖으며 회개하기 시작했다.

"하나님 아버지 내가 잘못했습니다. 딸을 찾기 위해 하나님과의 약속한 것을 어기고 사명을 버리고 10년 동안 온갖 나쁜 짓을 하면서 방탕하고 죄를 짓고 살아왔습니다."

그 때 누가복음 15장 탕자의 말씀이 머릿속에 떠올랐다.

"주여! 나는 집을 나간 탕자였습니다. 하늘과 아버지께 죄를 지었습니다. 내 아버지 집에는 먹을 것도 많고 입을 것도 많고 종도 많은데 나는 여기서 쥐엄 열매나 먹으며 주리는군요. 주여! 이 죄인을 용서하소서, 이젠 여기서 떠나면 더 이상 갈 곳이 없습니다. 주님 품을 떠나서 돈을 벌어서 딸을 찾기 위해 10년간을 애를 써봤지만 그러나 나는 손에 아무것도 쥐지도 못하고 삶에 기쁨도 소망도 없고 내 영은 메마르고 사랑으로 굶주려 있습니다. 너무 힘들어요, 산다는 것이. 주님! 저를 불쌍히 여기시고 내 손을 꼭 잡아 주세요.

아버지…

눈물 콧물을 흘리며 몸부림 쳤다. 두 손으로 옆에 있는 나뭇가지를 꽉 잡고 한없이 목을 놓고 통곡하며 내 죄를 자복하기 시작했다. 산속에는 나의 울음소리만 메아리치고 있었다.

그제서야 내 자신 얼마나 어리석고 미련한 자였던가? 그 크신 하나님의 사랑을 모르고 세상의 정욕과 나 자신의 욕망으로 살아왔던 지나간 날들이 너무나 부끄럽고 죄스러워서. "주님! 잘할게요. 정말 잘할게요. 이번 한 번만 살려주시면 하나님 몰라 죽어가는 저 일본 영혼들을 위해 전도하며 남은 삶을 주님께 드리겠습니다." 기도가 나오기 시작했다. 바로 그 때 찬양이 입에서 흘러나왔다. (세상에서 방황할 때 나 주님을 몰랐네 내 맘대로 고집하며 온갖 죄를 저질렀네 예수여 이 죄인도 용서받을 수 있나요 벌레만도 못한 내가 용서받을 수 있나요…) 찬양을 부를 때 하늘에서 천군천사의 아름다운 평화의 찬양이 청아하게 들려왔다. 469장 '내 영혼이 그윽이 깊은데서…' 찬송이 고요히 들려오더니 천군천사의 아름다운 찬양이 울려 퍼졌다.

나는 너무나 생생하게 들려오는 찬양소리에 잠시나마 넋을 잃어버렸다. 그리고 내 주변에는 누군가가 나를 감싸고 있는 것이었다. 그리고 잠시 후 나의 마음속에 뭐라 표현해야 할 지 말할 수 없는 하늘의 참 기쁨과 평화가 찾아온 것이다. 그리고 꿈과 환상을 통해서 내가 앞으로 해야 할 일들을 보여주었다.

나는 정신을 가다듬고 겨우 한발 한발 디디면서 나무를 조심스레 잡고 벼랑언덕을 향해 올라가기 시작했다. 겨우겨우 기어서 산언덕에 올라온 나는 긴 숨을 내쉬었다. 다친 몸을 이끌고 혼자서도 걸어가기 힘든 상황이었지만 적은 돈이나마 집안 살림에 보탬이 될 수 있기에 20키로나 되는 무거운 죽순을 등에 지고 내려와야만 했다. 힘이 들었지만 죽순을 버릴 수가 없었다. 남편의 빚을 갚아야지 하는 생각에 넘어지고 쓰러지고 기우뚱 기우뚱 하면서 겨우 자동차가 있는 곳까지 걸어 갈수가 있었다.

산나물을 캐서 얼마나 큰 도움이 되겠는가? 그리고 언제 일억이나 되는 빚을 언제 다 갚는다 말인가? 그렇게 남편을 도우며 벼농사를 지어서 쌀을 팔아 빚을 갚는다고 해도 매년 농기구 값도 갚아야하고 비료 값과 세금을 내다보면 항상 생활은 적자였다. 오히려 빚을 내서 농협에 갖다주어야했다. 일본에서 처음으로 생활하면서 가족과 살아남는다는 것이 얼마나 힘들고 어려운지 그 때 뼈저리게 느꼈다. 하지만 나는 이대로 포기할 수는 없었다. 비록 작은 돈 이었지만 산나물을 팔아서 남편을 도와야했기에 선을 위하여 고생하는 것이 주님의 뜻이라는 것을 믿고 최선을 다해서 열심히 살았다.

"죄가 있어 매를 맞고 참으면 무슨 칭찬이 있으리요 선을 행하

므로 고난 받는 것이 하나님 앞에 아름다우니라.”〈베드로전서 2:20〉

힘들게 겨우 집에 돌아온 나를 본 남편은 놀랄 수밖에 없었다. 온몸에 상처투성이가 된 나의 모습에 마음이 아팠는지 약을 갖다가 발라주고 정성껏 치료해 주었다. 그리고 주님 앞에 돌아온 나는 행복을 찾고 집에서 예배를 드리기 시작했다.

다시는
형제를 미워하지 말라

어느 날 지쳐서 자고 있는 나에게 어둠속에 빛이 환하게 다가왔다. 주님은 나에게 꿈에 나타나셔서 말씀을 하셨다. 저는 그 때 풀 한포기도 없는 넓은 광야에 혼자서 방황하며 서 있을 때 갑자기 어디선가 얼굴은 보이지 않고 허름한 홍포를 입은 한사람이 내 앞에 나타나셨다. 나는 무서워 머리를 땅에 대고 바짝 엎드려서 감히 얼굴을 쳐다볼 수가 없었다. 그리고는 두렵고 떨리는 목소리로 그 분에게 물었다. "당신은 누구십니까?" 그분은 울고 있는 나에게 다가오시더니 손으로 나의 어깨를 살며시 올리시며 부드러운 음성으로 말씀하시기를 "나는 너를 사랑하는 예수다"라고 말씀하시면서

"두려워 말라 내가 너와 함께 함이라 놀라지 말라 나는 네 하나님이 됨이라 내가 너를 굳세게 하리라 참으로 너를 도와주리라 참

으로 나의 의로운 오른손으로 너를 붙들리라." 〈이사야 41:10〉

"사랑하는 딸아 일어나 나와 함께 가자!" 하시기에 나는 그 분의 손목에 잡혀서 어디론가 따라갔다. 한참 가다가 갑자기 끝이 없는 넓은 광야 한 가운데 도착하자 그분은 나에게 "딸아 올라오라……." 하시기에 순종하고 올라갔더니 사람의 죽은 마른 뼈들이 수없이 펼쳐져 있었다. 그런데 내가 그 뼈를 밟고 걸어가는 것이다.

나는 주님께 물었다. "주님! 이 마른 뼈들이 나와 무슨 상관이 있길래 여기로 데리고 오시는 것입니까?"라고 물었더니 주님은 부드러운 음성으로 내게 대답하시기를 "사랑하는 딸아 이 마른 뼈들은 지금까지 네가 많은 사람들을 미워하고 정죄하며 죽인 영혼들이라"고 하셨다. 나는 그 때 엎드려서 "주여! 나는 살인을 하지 않았습니다. 사람을 죽이지 않았습니다. 어떻게 이 많은 사람들을 제가 죽였습니까? 주여! 용서하소서 다시는 사람들을 미워하지 않고 영혼들을 사랑하겠나이다. 한 번만 용서하여 주소서……."

울고 있을 때 주님은 마지막으로 나에게 말씀을 하시면서 "사랑하는 딸아 울지 말라 네가 형제를 미워하고 정죄 할 때마다 한 사람 한 사람 영혼이 죽어가고 있단다. 다시는 형제를 미워하지 말라 형제를 미워하는 자마다 살인하는자니라." 하시면서 갑자기 어디론가 주님의 형상이 사라지셨다.

그 날 밤 꿈속에서 나에게 생생하게 보여주셨던 주님의 말씀을 기억하면서도 인간이라 막상 현실로 다가오면 마음대로 지켜지지가 않았다. 나는 회개하는 마음으로 주님이 말씀하신대로 형제를 사랑하고 원수를 용서하기 위해 날마다 예수님의 보혈의 피를 의지하며 노력하고 있다.

"우리는 형제를 사랑함으로 사망에서 옮겨 생명으로 들어 간 줄을 알거니와 사랑하지 아니하는 자는 사망에 머물러 있느니라 그 형제를 미워하는 자마다 살인하는 자니 살인하는 자마다 영생이 그 속에 거하지 아니하는 것을 너희가 아는바라."〈요한1서 3:14-15〉

어느 날 동경에서 선교사님들이 노방전도를 하기위해 일본 전지역을 순회하시는 중에 우리 집에서 하룻밤을 주무셨다. 나는 변변치 않았지만 정성껏 식사 대접을 했다. 오전 8시에 동경으로 떠나시고 난 뒤 나는 잠깐 침대에서 잠을 청했다. 그런데 갑자기 하늘이 깜깜해지고 그리고 조금 있으니 하늘에서 햇빛보다 더 밝은 빛이 비추더니 아름다운 찬양 나팔소리가 우렁차게 들리며 어둠 속에 먼저 간 성도들이 흰옷을 입고 구름같이 몰려오며 앞에는 흰옷 입은 천군천사들이 나팔을 불어대고 잠시 후에 맨 앞으로 예수님께서 나타나셨다. 그리고 큰 지진으로 땅이 흔들리고 갈라지기 시작하더니 달리던 자동차가 매몰되고 홍수가 나며 많은 사람들이 죽어갔다. 10년 동안 어두웠던 내 마음에 환하게 비춰지면서 한동안 환상과 꿈의 계시를 보여주셨다. 난 그 때 여기저기 다니면서 많은 사람들에게 찾아가 "회개하세요! 마태복음 24장 말씀대로 공중에 주님이 재림하셨습니다. 회개하고 복음을 믿으세요." 목이 터지라고 꿈속에서 외쳤다.

나는 이곳에 교회를 세울 것이라고 생각지도 못하고 꿈도 꾸지 않았다. 그런데 주님께서 교회를 세우는 꿈을 계속 보여 주시는 것이었다. 교회를 세우라고 주님이 말씀 하셨다. 이곳 위치는 일본 센다이(仙台)에서 2시간을 달려오면 야마가타현(山形県) 모가미마을(最上町)이었다. 이 지역은 인구가 1만 명 정도가 모여살고 있으며 교회가 없었고 아무리 둘러봐도 어떤 곳에서도 십자가를 찾아보기란 어려운 동네였다.

성령님은
일어 선생님

　내가 첫 번째 전도한 사람은 남편 사이치상(佐一さん)을 크리스
찬으로 개종을 시키는 것이었다.

　우리 시댁은 옛날부터 불교집안이며 방마다 부족과 수십 가지
의 각종 우상이 있었다. 그리고 무엇보다 중요한 것은 그런 것들
을 하나님보다 더 소중하게 여기는 것으로 불단을 집에다 모시고
있다는 것이다. 쉽게 말해서 조상귀신을 섬기는 것이다. 나는 그
당시 일본어 인사법도 전혀 몰랐었다. 또한 일본어를 알아야 전도
를 할 수 있는 것이 아닌가. 하지만 주님께서 강권적으로 내 마음
을 역사하셔서 일본어 공부를 하라고 계시 하시는 것이다. 그리고
나는 서점에서 책을 사다가 집에서 혼자 열심히 공부를 시작 한지
얼마 후 히라가나 가타가나 기초를 뗄 수 있었다. 일을 하면서도
틈날 때마다 공부를 했고 밤에도 거의 잠도 안 자면서까지 단어를
외우고 심지어 정신병원에 갈 정도로 일본어 공부에 빠져있었다.

그러나 결국엔 병원에 가서 치료를 받기도 했지만 일본어 공부만은 어느 하루도 안 할 수가 없었다. 그렇게 공부 못하는 빵점자리가 주님이 함께하시사 피눈물 나는 노력으로 마침내 일본에서 생활 하는데 불편함이 없을 정도로 말을 하게 될 수 있었다.

그것으로 나는 생활하는데 어느 정도 불편함 없이 만족한 생활을 하고 있던 중 주님이 또 강권적으로 내 마음속에 감동을 주셔서 일본어 성경 공부를 하라는 것이다. 그 때 내 나이가 40살이 넘었고 한국어도 제대로 공부도 못한 채 일본으로 왔는데 지금 나이에 일본어를 공부한다는 것은 정말 어려웠다. 그런데 일본어 성경까지 공부하라니 내 머리가 좋지 않다는 것은 누구보다 잘 아는 터라 나의 능력으로서는 무리라고 생각했다. "하나님! 저는 도저히 일본어 성경만큼은 어렵습니다. 그러니 그냥 접어두시는 것이 어때요? 생각해 보세요. 세상에 실력이 있고 능력이 많고 지식이 풍부한 사람이 많이 있는데 제가 어찌 이제 와서 일본어를 배워서 복음을 전합니까? 지식이 있다는 권력자들이 나보고 손가락질 하며 비웃으며 머리를 흔들 것입니다. 그러니 제가 더 이상 부끄러움 당하지 않게 나보다 더 실력과 능력이 있는 할 만한 사람을 보내소서… 주님! 제 머리로서는 일어 실력이 불가능합니다." 나는 주님께 대화하듯이 기도를 드렸다. 그러나 주님은 나에게 말씀하시기를 "사랑하는 딸아 일본어를 못하면 일본영혼들에게 어찌 복음을 전할 수 있느냐." 하시며 마음을 흔들어 놓았다. "내가 있지 않느냐? 나는 지혜의 하나님 지식의 하님이니라."

"너희 중에 지혜가 부족하거든 모든 사람에게 후히 주시고 꾸짖지 아니하시는 하나님께 구하라 그리하면 주시리라."〈야고보 1:5〉

너는 불가능 하지만은 나는 뭐든지 할 수 있느니라. 나는 불가능을 가능케 하는 하나님이라.
"예수께서 이르시되 사람으로는 할 수 없으나 하나님으로서는 다 하실 수 있느니라."〈마태복음 19:26〉

주님의 말씀을 듣고 일본어 성경을 읽고 단어 글자 하나 외우고 이해하는 데에도 10분이나 걸렸고, 정말 머리에서는 쥐가 나며 비행기 소리가 윙윙 나는 것이었다. 그래서 일본 성경책을 닫아놓고 한동안 포기할 때도 있었다. 그런데 성령님께서는 그냥 내버려 두지 않으셨다. 일본어 성경을 공부하지 않고는 견딜 수가 없었다. 나는 학원가서 공부해 본적도 없었다. 성령님께서 직접 가르치시고 지도해 주셨다. 그래서 나는 다시 마음을 다잡고 무작정 일본성경을 읽어가며 성령님의 지혜를 구하면서 단어를 외우며 열심히 공부에 임했다. 주여! 나는 세상적인 지식은 없지만 하나님을 아는 지식이 풍성하게 하옵시고 영적인 천재가 되게하옵소서……. 하나님께 잠시라도 생각이 떠나지 않게 항상 기도로 호흡

하며 주님과 함께하는 훈련을 받았다. 그렇게 나는 혼자서 독학으로 성경공부를 하게 된 것이다. 일어로 성경을 보는 눈이 열려지고 일어 설교를 하며 일본인에게 전도를 할 수 있게 되었다.

한글로 된 원고나 책을 읽으면서 일어로 통역할 수가 있게 되었다. 그렇게 하나님께서 그렇게 나를 훈련을 시키셨다.

일본 남편을
기독교로 개종시키다

　처음에는 한국어로 성경을 가르치고 손짓 발짓을 하면서 몸동작으로 움직이며 하나님을 증거 했다. 하지만 내가 교회를 나가면서 문제가 있었다. 남편은 내가 처음에 교회 나가는 것을 반대를 했고 또한 자기 집은 불교집안이라고 하면서 화를 내는 것이었다. 그러나 나는 남편의 말을 무시하고 멀리 있는 교회를 갔다 오면 목사하고 바람을 핀다고 의심까지 했었다. 하지만 나는 성경책을 사서 남편에게 주며 읽어보라고 하고 남편이 듣거나 말거나 한국어로 설교하고 손짓 발짓을 하면서 일주일간 방에서 부흥회를 했다. 남편은 시댁에서 큰 장손이었다. 절에서는 높은 지위를 맡고 있는 책임자였고 건설 회사를 다니고 있었다. 낮에는 회사에서 일하고 밤에는 농사일을 해가며 부지런한 사람이었다.

　저녁 늦게까지 방안에서 찬양소리가 시끄럽게 들리자 어머님은 내가 크리스찬이라는 것을 알고 놀라시더니 급기야 집안 유지들에게까지 알려져 한바탕 시끄럽게 난리가 나기도 했었다. 또한 어머님은 나를 데리고 조상을 모시는 불단 앞으로 가시더니 절을 하라는 것이었다. 하지만 나는 하나님을 믿는 사람이라고 하며 절하는 것을 거절하면서 "나는 집에서 쫓겨나는 일이 있어도 절대로 하나님을 버리고 우상을 따를 수는 없습니다."라고 확고한 내 의중의 말씀을 드렸다. 그리고 그 날 이후 난 시어머님과 집안유지 사람들한테까지 미움을 받기 시작했다.

또한 시누이의 핍박도 점점 심해지고 나를 이상한 종교를 믿으면서 집안을 망하게 할 여자라고 몰아세우기까지 했다. 하지만 나는 가족들의 모진 핍박 속에서도 열심히 내 남편에게만은 성경을 가리키고 전도를 게을리 하지 않았다. 그렇게 노력한 결과 남편도 나의 뜻을 따라주었고 예수를 영접하고 일본교회에 가서 2005년 2월 25일 세례를 받았다. 그리고 세례를 받기 전에는 하루에 담배를 3갑씩 피우고 술도 매일 마셨는데 세례 받고 다음 날 26일 아침부터 술과 담배를 완전히 다 끊는 것이었다. 그리고 열심히 일본교회에 3년간 나와 함께 다녔다.

구로사와교회(黒澤教会) 간판을 걸다

나는 무서운 것이 없었다. 주님이 담대함을 주셨다. 무식한 사람이 용감하다는 말이 있다.

제가 무식해서 용감한지는 모르지만 두려움이 없었다.

그렇게 교회를 다니던 중 주님께서는 교회를 세우라고 나에게 강력하게 감동을 주셨다. 나는 할 수 없이 주님의 말씀을 순종하여 교회를 따로 지을 만큼 여유가 없어 집 안방에다 교회를 개척하기로 했다. 간판 집에 가서 부락 이름을 따서 구로사와 교회(黒澤教会)라는 이름을 쓰기로 했다. 예배실도 정하지도 않고 저녁시간 어두움이 깔리기 시작할 무렵에 무작정 간판을 가지고와서 현관 들어오는 문 앞에 커다랗게 달았다. 그리고 대문 앞에도 큰 간판을 달았다.

다음 날 새벽 아침이 밝아오자 시어머님께서 밖으로 나오시더니 생전 보지도 듣지도 못한 이상한 간판을 허락도 없이 걸려있는 것을 보고 기절을 하셨다. 집안 대대로 불교를 잘 섬기고 있는 집안에 어디서 외국 며느리가 이상한 종교를 가져오더니 동네사람들에게 집안 망신을 준다고 수군수군 하며 한바탕 시끄러워지기 시작했다. 그러나 나는 남편을 설득시켜서 마침내 교회를 안방에서 하기로 결정한 것이다.

나는 남편과 예배당을 어느 방에서 시작할까 생각 끝에 1층에 있는 안방을 사용하기로 한 것이다. 그리고 남편이 하나님에 대한 신앙심이 있기 전까지 집안에 모시고 있던 신전과 불단 등, 수 십 가지 잡신들을 정리해서 불에 태워버렸다. 그 때까지 시어머님은 예수를 영접하지 않았던 상태라 우상을 철수시키는 것을 반대하셨다. 우상들이 없어진 것을 아신 어머님은 우상을 어디다 버렸는지 찾아오라고 호통을 치시면서 나를 때리려고 하셨다. 자상하시던 어머님의 눈은 무서운 사탄의 눈으로 변하셨다. 그러나 남편은 조상을 모시고 있는 불단을 태워 버리겠다고 하니까 어머님은 "만약 조상섬기는 불단을 철수시키면 자살해 죽어버린다." 하고 반대 하시는 것이었다. 할 수 없이 호도계 불단만 남겨놓고 베니 합판으로 막아버리고 예배실을 만들었다. 우리 부부가 예배당을 만든다는 소식을 들으셨는지 동경에 살고 계시는 양선교사님께서도 헌 강대상을 가지고 오셨고 나무를 사다가 강단을 만들기 위해 남편과 함께 공사를 해 주셨다.

3월 초가 되었다. 이곳의 날씨는 봄이 왔는데도 눈보라가 엄청나게 불어 닥쳐 자동차가 움직일 수 없을 정도였다. 그리고 예배드릴 준비를 끝내고 3월 중에 전도 부흥회를 열기로 계획을 세웠다. 그러나 강사는 누구를 초빙해야 하는지 문제였다. 그 당시 일본에서 내가 알고 있는 목사님들이 많지 않았던 때라 강사는 누구를 초청할까 기도하며 생각을 하던 중 한국에 고향친구가 다니는 교회가 생각났다. 그리고 나는 의정부(사랑과 평화의교회) 담임 김영복 목사님께 전화를 걸어 부탁을 드렸다.

첫 번째
개척 설립예배

"목사님! 우리교회에서 부흥회를 하는데 강사님으로 오셔서 집회를 한 번 해주시면 감사하겠습니다. 기왕이면 워십(WorShip)하시는 분들까지 모시고 오셔서 집회를 해주시길 부탁드립니다."

나는 스스로 아무리 무식하다고 하지만 막무가내 무대포였다.

부흥회는 2007년 3월26부터 29일까지 집회 날짜를 잡았다. 그리고 한국에서 보내주신 전단지를 나는 처음으로 모가미 차가운 눈보라 속에 한 영혼이라도 전도지를 받아보고 구원받기를 기도하며 모가미 마을(最上町)에 다니며 뿌렸다. 많은 사람들은 내가 하고 다니는 행동을 보고 이상한 눈초리로 바라보며 정상적인 사람으로 보지 않았다. 그 때 통역은 동경에 계시는 양선교사님께서 수고해주셨다.

3월27일 드디어 센다이(仙台) 공항에 도착한 김영복 목사님과 워십 할 분들과 함께 6명이 화려하게 큰 꿈을 갖고 밝은 미소로 대합실로 나오셨고 나는 반갑게 맞이했다. 나와 선교단들은 준비한 승용차를 타고 약 2시간 만에 작은 시골동네 모가미교회(最上敎会)에 도착하였다. 그리고 선교단을 주택 안에 마련된 예배실로 모셨다. 교회 건물이 아닌 방이었다. 예배당을 보고 난 뒤 선교단들의 얼굴이 점점 이상하게 변해가고 있었다. 그것도 그럴 것이 교회건물이 따로 지어져 있는 것이 아니고 안방에 예배실이 있는 교회인 것을 보고 실망을 하신 것 같았다. 하지만 예정대로 그 날 저녁에 집회를 시작했다. 성도라고는 남편 한사람만 앉혀 놓고 집회를 시작했다.

워십 하시는 분들은 예쁘게 드레스를 입고 무용을 하면서 찬양을 했다. 주님은 한 명이 천하보다 귀하다고 하셨지만 설마 이렇게까지 성도들이 없을 줄은 몰랐다고 실망한 사모님은 나만 보면 이야기를 하셨다. "우리 목사님께서 한국에서도 바쁘신 와중에 특별히 부탁이 있어서 일본까지 오신 것인데……. 그리고 같이 오신 워십 하시는 분들도 항상 바쁘게 사시는 분들을 모시고 왔는데 어떻게 사람도 없는 상태에서 초청을 했느냐."고 무안을 주시는 것이었다.

나는 "물론 섭섭하시고 실망스러우시겠지요. 하지만 성도가 많으면 왜 초청을 하겠습니까? 사람이 없으니까 전도 집회를 열게 된 겁니다."라고 대답을 했다.

"네 시작은 미약하였으나 네 나중은 심히 창대하리라."〈욥기서 8:7〉

그분들께 시간이 갈수록 미안한 마음이 더욱더 나를 힘들게 했다. 쥐구멍이라도 있으면 들어가고 싶었다. 중간에 집회를 포기하고 싶은 마음이 굴뚝같았다. 그렇지만 주님과 약속한 것이기에 참고 인내를 했다. 그 때 나는 너무나 영육이 무척 힘들고 지쳐 있었다. 누구든 선교지에 와서 용기 한 마디가 필요했고 위로받고 싶었는지 모른다. 나의 인간적인 생각이었다. 나는 또 주님께 기도하며 말씀을 드렸다. "주님! 제가 말씀 드렸잖아요. 하나님! 무식한 저에게 무대포 용기를 주셔서 겁 없이 사람을 초청하게 하셨나요. 선교단들에게 너무 부끄럽습니다."

오히려 나는 주님께 무대포 용기를 거두어 가시라고 기도하고 싶었다. 나는 지나친 무대포 용기 때문에 울었다. 그것도 주님이 주신 은사라고 생각하고 그래도 끝까지 포기하지 않고 예정대로 집회를 진행하며 사람을 억지로 끌어다가 앉혀놓고 시작했다. 그러나 나는 너무 막무가네였다. 둘째 날 집회 때 나와 남편은 시어머님과 시동생을 억지로 끌어다 앉혀 놓고 집회를 했다. 세 번째 마지막 날 저녁에는 일본교회에서 6명이 모였고 시어머님과 남편, 정영애 집사, 나까지 포함해서 10명이 모이고 선교단까지 합쳐 16명이 모여서 집회를 하였다. 집회는 성공한 것이다. 복음이 전혀 들어가지 않은 산골짝에 1명 놓고 집회를 연다는 것이 기적이었다. 나는 김영복 목사님과 일행 분들께 정말 죄송하고 제대로 대접도 못해드린 것이 항상 마음이 아팠다. 김영복 목사님과 함께하신 분들께 진심으로 감사합니다. 주님께 영광을 돌려드립니다.

"종이 돌아와 주인에게 그대로 고하니 이에 집 주인이 노하여 그 종에게 이르되 빨리 시내의 거리와 골목으로 나가서 가난한 자들과 몸 불편한 자들과 맹인들과 저는 자들을 데려오라 하니라 종이 이르되 주인이여 명하신 대로 하였으되 아직도 자리가 있나이다 주인이 종에게 이르되 길과 산울타리 가로 나가서 사람을 강권하여 데려다가 내 집을 채우라 내가 너희에게 말하노니 전에 청하였던 그 사람들은 하나도 내 잔치를 맛보지 못하리라 하였다 하시니라." 〈누가복음 14:21-23〉

마지막까지 무사히 은혜 중에 마치고 교회 개척한지 한 달 만에 모가미 산골짜기에 복음의 씨앗을 뿌리기 시작했다. 그리고 선교단들은 아쉬움을 남긴 채 한국으로 돌아가셨다.

환난과 핍박 중에도
성도는 신앙지켰네

다음날 주일이었다. 주일 오후2시 예배를 마치고 남편과 나는 집사님을 집에까지 모셔다 드리고 신죠시(新所)로 돌아오는데 시동생한테 전화가 왔다. 시동생의 말은 시어머님께서 강사 목사님 앞에서 하나님을 믿겠다고 약속했는데 이제 와서 예수를 못 믿겠다는 것이었다.

"우리의 씨름은 혈과 육을 상대하는 것이 아니요 통치자들과 권세들과 이 어두움의 세상 주관자들과 하늘에 있는 악의 영들을 대함이라" 〈엡 6:12〉

그 이유는 강사 목사님과 모든 성도님들께서 머리에 기분 나쁘게 손을 얹고 안수했다고 하면서 예배당 옆에 베니 합판으로 막아 놓은 불단을 다시 열어 놓는 것이었다. 일본사람들은 머리에 손을 없는 것을 무척 싫어한다. 그 후 어머님은 시동생을 시켜서 여러 가지 돌멩이로 만든 우상을 사다가 올려놓았다. 산골짜기 시골에서만 한평생을 사셨던 시어머님은 고지식한 성격을 지니고 있어 아무리 설득을 해보려 해도 도무지 통하지가 않았다. 조상들이 간 지옥에도 따라간다고 쉽게 말씀을 하셨다. 그것도 그럴 것이 평생을 집안에다 우상만 모시고 바라보며 섬겨왔던 분들이라 그리스도를 이상한 종교로 볼 수밖에 없었다. 그러나 문제는 시어머님만이 아니었다. 친척 유지들도 함께 들고 일어섰다. 나중에 안 사실이지만 주동자는 우리 시어머님이셨다. 친척들을 선동하여 매일 모여서 교회 문제로 모의를 하셨다. 어떻게 해서든 교회를 무너뜨려야 한다. 불교의 전통을 지켜야 한다고 목소리를 높였다. 또한 동경에 사는 하나밖에 없는 시누이도 야마가타(山形県)현까지 신칸센을 타고 데모를 하기위해 매일 출근을 하였다. 시누이는 3남 1녀 중에 첫 번째 누나이다.

"내가 세상에 화평을 주러 온 줄로 생각하지 말라 화평이 아니요 검을 주러왔노라 내가 온 것은 사람이 그 아버지와, 딸이 어머니와, 며느리가 시어머니와 불화하게 하려 함이니 사람의 원수가 집안 식구리라."〈마태복음 10:34-36〉

그리고 며칠 뒤 동네 유지들이 우리 집에 모두 찾아와 핍박을 주기 시작하였다. 친척들은 교회 강대상 앞에서 20여명이 줄을 지어 앉았다. 그러나 나는 그들에게 열심히 한국요리를 준비해서 먹음직스럽게 상을 차렸다. 그런데 유지들은 어디서 가지고 왔는지 술까지 들고 와서 강대상 앞에서 마셔가며 담배까지 피우니 연기가 강대상 앞을 안개 같이 가득 덮었다. 그러나 나는 그것에 굴하지 않고 강대상 앞에서 마이크를 들고 예수를 증거 했다. 이런 나의 모습을 본 시댁 친척 중 한분인 외삼촌도 앉아있던 자리에서 일어나시더니 나에게 질 수 없다는 듯이 불단 앞에서 '나미아비타불 나미아비타불' 하고 외우고 있는 것이다. 나는 그 분의 행동에 전혀 의식하지 않은 채 한쪽에서 '주여! 주여!' 저분들의 영혼을 불쌍히 여겨주세요. 기도하며 한방에서 두 종교가 치열한 영적전쟁을 했다.

하지만 친척 분 모두가 어디서 한국여자가 우리 가문에 들어와서 이상한 종교를 가지고 오오바(大場)장손을 예수쟁이로 만들고 집안 전통을 무시했다고 하면서 심지어 입에 담지 못할 욕까지 하면서 남편과 강제로 이혼을 시켜서라도 한국으로 추방시키라고 하는 것이다. 친척들은 함성을 지르며 "사이치!(佐一) 이 집에서 당장 나가거라. 예수를 버리든지 아니면 저년하고 당장 이혼해 알았어?"

그리고 남자유지들은 큰 소리로 "하나님이 어디 있어. 있으면 당장 내 눈앞에 나타나봐. 아니면 지금당장 나에게 저주를 내려봐. 그러면 믿겠다. 조선 년이 일본에 왔으면 일본 문화를 따를 것이지 무슨 짓하려고 왔어." 하시는 것이었다.

"그리스도 교단이 어디에 있냐? 네년을 이야기해서 추방시키도록 할 터이다." 나는 친척 분들에게 말씀을 드렸다. "저는 처음부터 선교사로 온 것이 아닙니다. 오오바상 집에 며느리로 왔습니다. 여러분들이 믿는 우상들이 참 신이 아니라는 것을 알려드리고 참 하나님을 소개해 드리는 것입니다. 여러분을 그리스도 앞에 인도하기 위해 하나님께서 나를 이집 며느리로 보내주셨습니다."

그러나 친척들은 이런 상황으로 종교 전쟁이 일어날 것을 미리 생각하고 만일의 사태로 경찰들을 집 주위에다 배치시키고 계속 우리부부를 갈라놓기 위해 이간질을 해대며 극도로 참을 수 없을 정도만큼 나의 인내력의 한계를 자꾸만 돋구어 놓기까지 했다.

"세상에서는 너희가 환난을 당하나 담대하라 내가 세상을 이기었노라."〈요한복음 16:33〉

남편이
가족에게 전도하는 모습

계속 남편을 설득시키려는 친척들은 "사이치상!(佐一さん) 저년 하고 이혼 해. 내가 다른 좋은 여자를 소개할 테니 빨리 이혼하고 한국으로 추방시켜."라고 하는 것이었다. 시누와 시어머님과 친척들은 나에 대해 욕을 하면서 한국으로 떠나라고 하였다.

그러나 남편은 "절대 아내와 이혼 할 수 없다."고 말했다. "설사 이혼을 시킨다 해도 나는 천지와 우주만물을 창조하신 이 세상에 하나밖에 없는 하나님을 믿을 것이다."라고 대담하게 친척들을 향해 선포하였다.

하지만 친척들은 말하기를 저년이 조금 있으면 재산을 다 팔아서 한국으로 도망갈 테니 그렇게 하기 전에 빨리 내 쫓으라는 것이다. 나중에 후회하지 말고 집안이 망하기 전에 빨리 한국으로 추방하고 예수도 버리고 불교로 돌아오거라, 하는 것이었다. 그러나 남편은 담대하게 말을 하였다. "난 예수를 믿습니다. 예수님은 나의 유일한 구세주입니다. 여러분도 우상을 버리고 예수를 믿으세요." 남편의 이야기를 듣고 있던 친척들은 한 마디씩 하였다. 사이치! (佐一) 한국 년을 만나더니 미쳐도 단단히 미쳐버렸군?" 우리 부부는 환난과 핍박을 이겨내기 위해 주님께 기도하며 승리하게 해주실 것을 믿고 참고 인내하였다.

"나는 너희에게 이르노니 너희 원수를 사랑하며 너희를 박해하는 자를 위하여 기도하라." 〈마태복음 5:44〉

찬송 383장
환난과 핍박 중에도 성도는 신앙지켰네 이 신앙 생각할 때에
기쁨이 충만하도다. 성도의 신앙 따라서 죽도록 충성하겠네

친척들은 우리 집안이 남에게 주어야 할 빚이 많다는 것을, 집안 사정을 아무것도 모르고 지금 저렇게 떠들고 있는 것에 대해 한심하다는 생각이 들었고, 정말 몰라도 너무 우리의 사정을 모르면서 무작정 한국 년이 재산 팔아가지고 도망갈 것이니 이혼할 것을 강요만 하고 있었다.

그리고 친척 중에 나에게 핍박을 심하게 했던 시댁 외삼촌이 내가 정성껏 만든 요리에 가래침을 뱉으면서 "한국 음식은 더러워서 안 먹는다."라고 하면서 내 앞에다 요리를 갖다놓았다. 그러나 나는 침을 뱉은 요리인줄도 모르고 먹었었다. 그리고 잠시 후 친척

들이 볼펜과 종이를 가지고와서 남편을 자리에 앉게 하고 각서를 쓰라고 했다. 남편 손으로 강제로 교회 간판을 떼겠다는 서명을 하라는 것이었다. 그렇게 친척들의 강압에 의해 할 수 없이 교회 간판을 뗄 수밖에 없었다. 나는 남편이 걱정이 되었다. 남편은 하나님을 믿고 처음 당하는 핍박이라 두렵고 무서워 온 몸을 부들부들 떠는 것이었다. 그런 남편의 모습을 보면서 나는 정말 화가 머리끝까지 났지만 참았다. 하나님만 아니면 한바탕 대들고 싸울 텐데……. 그래도 주님이 참으라고 하셨기에 원수를 사랑하라고 하셨기에 묵묵하게 한 마디도 대꾸하지 않고 참았다. 끝까지 영적인 믿음으로 싸웠다.

하지만 친척들과 시어머님이 남편에게 강력하게 이혼하라는 반대에 못 이겨 결국 우리 부부는 견디다 못한 나머지 그 다음날 이혼하기로 하고 나의 이삿짐을 넣을 박스를 남편이 가져왔다. 그때 나는 일이 어떻게 돌아가는지 정말 제 정신이 아니었다. 나는 넋이 나간 사람처럼 아무 생각 없이 보따리를 싸고 있는데 갑자기 남편이 내게 오더니 "아게미상!(明美さん) 이혼하면 안 돼. 우리가 이혼하고 교회 문을 닫으면 귀신들이 좋아하고 반대했던 친척들은 더더욱 손가락질 하며 우리 둘을 비웃을 것이야. 교회를 무너뜨리기 위한 귀신들의 작전에 넘어가면 안 돼. 우리 다시 힘내고 시작합시다."라고 말을 하는 것이었다.

나는 그 순간 정신이 번쩍 들었다. '그래 다시 시작하는 거야. 간판을 다시 걸어 놓는 거야!'라고 나를 달래며 마음을 굳게 먹었다. 하지만 시어머니님은 실실 비웃어 가면서 네까짓 게 얼마나 버티나 보자하며 얼굴이 사탄의 모습으로 바뀌셨다. 그리고 버려진 우상조각을 찾아오라고 떼를 쓰시는 것이었다. 우리 부부는 시어머니님의 말을 무시한 채 매일매일 손을 잡고 찬송하며 기도에 들어갔다.

찬송가 393장
우리들의 싸울 것은 혈기 아니오. 우리들의 싸울 것은 육체 아니오 마귀권세 힘써 싸워 깨쳐버리고 죽을 영혼 살릴 것일세
후렴: 일심으로써 힘써나가세 일심으로써 힘써 싸우세
마귀들의 군사들과 힘써 싸워서 승전고를 울리기까지

내 옆에서 남편이 울면서 하나님 앞에 애원하는 모습을 보고 있으려니 고난을 극복하려고 무척 애를 쓰고 있는 것 같았다. 그러던 어느 날 친척들은 여전히 우리 집에 왔다 갔다 하면서 남편에게 다시 불교로 되돌아오게 하려고 절에서 스님까지 모시고 와서 설득까지 하기도 했다. 그리고 나에게 오더니 일본 조상 섬기는 전통을 배우라고 하면서 책을 한보따리 가지고 와서 강제로 앉혀 놓고 가리키려고까지 했다. 또한 일본에 왔으면 일본 문화를 따라야지 어디서 기괴한 사이비 종교를 갖고 들어와 집안을 어지럽힌다고 말을 하시는 것이었다. 하지만 나는 조상귀신을 섬기는 공부

는 못한다고 거절하며 내방으로 들어왔다. 그리고 남편은 계속 식구들의 압력을 받아가며 교육을 받고 있었지만 남편의 마음속에는 이미 예수님의 십자가의 구원이 있었기에 조금도 흔들리지 않았을 뿐더러 꿋꿋하게 믿음을 지키고 있었다. 그리고 남편은 오히려 스님 앞에서 입을 열어 전도를 하는 것이었다.

"하나님은 우주 만물을 창조하시고 지금도 살아서 우리가운데 역사하고 계십니다. 하나밖에 없는 신이십니다. 당신들이 믿는 신은 사람이 만든 가짜 신입니다. 예수님을 믿으십시오."라고 했다. 그리고 "예수님은 저와 여러분을 구원하시려고 피 흘려 십자가에 죽으시고, 부활 하셔서 승천하셨습니다. 또한 다시 이 땅에 오실 것입니다. 누구든지 주예수를 믿고 회개하면 구원을 얻습니다."라고 이야기를 하는 것이다.

남편의 전도를 조용히 듣기만하고 있던 스님은 블교에서도 기적이 일어나고 병도 고치고 극락세계를 간다고 설명을 하는 것이었다.

많은 친척 식구들이 설득하려고 수 없이 찾아왔지만 남편은 모든 유혹을 물리쳤다. 또한 우리 집에 빚이 있다는 것을 뒤늦게 알게 되었고 그 빚도 갚아줄 테니 제발 다시 불교로 돌아오고 이혼하라는 것이었다. 하지만 남편은 그런 유혹에 넘어가지도 흔들리지도 않았다. 남편은 당장 내일 비록 부도가 나서 재산이 넘어간다 해도 예수님을 절대로 배신을 하지 않을 것이며 항상 주님이 지켜주실 것을 믿고, 또한 한국인 아내를 믿고 매일 찬양과 기도로 현실을 극복하고 이겨나갈 것이라는 믿음뿐이었다. 결국 식구들은 우리 부부의 두터운 신앙심으로 인해 두 손 두발 다 들고 포기를 한 것이었다. 그러시더니 "네 마음대로 해라. 예수 믿으면 망하고 가난해진다."라는 말을 하면서 자리를 떠나셨고 그 후 두 번 다시 우리 부부를 괴롭히지 않았다.

"할렐루야! 승리했습니다."

"마귀의 간계를 능히 대적하기 위하여 하나님의 전신 갑주를 입으라 우리의 씨름은 혈과 육을 상대하는 것이 아니요 통치자들과 권세들과 이 어둠의 세상 주관자들과 하늘에 있는 악의 영들을 상대함이라 그러므로 하나님의 전신 갑주를 취하라 이는 악한 날에 너희가 능히 대적하고 모든 일을 행한 후에 서기 위함이라."〈에베소서 6:11~13〉

"우리 주 예수로 말미암아 우리에게 승리를 주시는 하나님께 감사하노니 그러므로 내 사랑하는 형제들아 견실하며 흔들리지 말고 항상 주의 일에 더욱 힘쓰는 자들이 되라 이는 너희 수고가 주안에서 헛되지 않은 줄 앎이라."〈고전 15:57~58〉

승리의 깃발을
다시 세우다

그리고 남편은 나에게 "아게미상!(明美さん) 일본사람들이 하나님을 아직 잘 몰라서 못 믿고 있으니 열심히 하나님을 알리고 전도하라."고 말하는 것이었다. 그 때 변하지 않은 마음으로 나에게 힘을 실어주고 끝까지 나를 믿어준 남편이 너무나 사랑스럽고 대견스러웠다.

얼마 후 우리 부부는 2층에 있는 6평짜리 방으로 예배실을 옮기고 교회 간판을 다시 걸었다. 몇몇 안 되는 성도들과 매일 모여서 찬양과 기도로 전진해 나갔다. 또한 개척 멤버로 함께한 정영애 집사님을 우리 교회로 보내주셔서 어려운 상황의 현실이었지만 개척교회를 섬기며 목회를 도와주시었고 큰 힘이 되었다. 하지만 교회를 이끌어 나아간다는 것이 전도와 찬양과 기도가 다는 아니었다. 문제는 재정이 없어서 어려움이란 이만저만이 아니었다. 또한 집에서는 은행 빚 때문에 독촉에 시달렸다. 그러나 나는 매일 주님께 기도하면서 애원을 했다.

"주님! 도와주소서. 만약에 빚 때문에 집과 모든 토지가 다 넘어간다면 정말 예수 믿어서 망했다는 소리를 들으면 얼마나 부끄럽고 창피합니까. 하나님 영광을 가리지 않게 도와주소서. 저들이 비웃지 못하게 손가락질 못하게 재산을 지켜주시옵소서. 그리고 이곳에 교회를 세우는데 어려움이 없도록 빚 문제도 해결해 주옵소서."라고 기도했다. 나는 그렇게 위기가 올 때마다 주님께 무릎 꿇고 기도했다. 주님은 한 번도 나의 기도를 무시하지 않으시고 응답해 주셨다. 그때그때마다 문제를 해결해 주셨다. 그렇게 주님의 도움으로 하루하루를 극복해 나갈 수 있도록 승리하게 해주셨다. 우리부부는 열심히 교회를 지키며 기도했다.

컴퓨터를 못하면
선교사 자격이 없다

  나는 태어나서부터 컴퓨터라는 것은 상상도 해본 적이 없었다. 컴퓨터는 많이 배우고 머리가 좋은 사람만 하는 것으로 생각했지 나 같은 사람이 컴퓨터를 한다는 것은 생각지도 못했다.

  어느 날 한국에 계시는 잘 알고 있는 목사님께 인사를 드리기 위해 국제전화를 걸었었다. 목사님께서 말씀 하시기를 "국제 요금이 많이 나오니까 하고 싶은 말들을 메일로 보내세요!"라고 하시는 것이었다. "메일이 뭔데요?" 나는 그 때까지 컴퓨터를 알지 못하였다. 그런 나에게 목사님은 선교사가 컴퓨터도 못하느냐고 야단을 치셨다. 목사님께서 말씀을 하실 때 자존심이 생겨 오기가 났다. 컴퓨터를 못하면 선교사 자격이 없는 건가요.
  '주님! 어쩌면 좋아요. 컴퓨터를 못하면 선교사 자격이 없다는데 나도 배울 수 있게 해주세요.' 기도하면서 컴퓨터를 달라고 기도를 드렸다. 언젠가 나는 한국에 방문할 일이 있어 입국하게 되었다. 주안중앙교회 김용화 목사님께 부탁을 드렸다. "목사님! 중고라도 좋으니 컴퓨터 하나만 구해주세요."라고 말씀을 드렸더니 나의 말을 가만히 듣고 계신 김용화 목사님께서는 본인이 사용하시던 컴퓨터를 나에게 주셨다. 나는 일본에 컴퓨터를 가지고 와서 책상 앞에 놓았는데 막상 설치를 하려고 보니 어디서부터 전원을 켜야 되고 끄고 하는 줄을 몰랐다. 이런 줄 알았으면 책이라도 사 왔을 텐데 맹목적으로 컴퓨터 하나만 달랑 가지고 왔다고 생각하니 답답하고 눈물이 나오는 것이었다. 마냥 컴퓨터만 바라보고 있다가 어렵게 컴퓨터를 설치하고 나는 '역시 선교사는 컴퓨터를 못하면 선교사 자격이 없어.'라고 생각하면서 무작정 컴퓨터를 두들겨 보았지만 잘못 만져서인지 결국 컴퓨터는 고장이 나고 말았다.

그리고 나는 고장 난 컴퓨터를 끌어안고 기도를 했다.

"너희 중에 누구든지 지혜가 부족하거든 모든 사람에게 후히 주시고 꾸짖지 아니하시는 하나님께 구하라 그리하면 주시리라."〈야고보서 1:5〉

"주여! 저에게 지혜를 주시옵소서. 컴퓨터를 잘 할 수 있도록 도와주시옵소서."라고 구하며 몇 번의 시행착오를 거치면서 혼자서 어느 누구의 도움도 없이 공부를 시작했다. 하지만 정석대로 학원에서 배운 것도 아니어서 자판기로 글자 하나를 치는데도 10분이상이 걸렸다. 더구나 일본어로 글을 치는 데는 더더욱 어려웠고 시간이 많이 걸렸다. 그런 어려운 과정을 치르면서 지금은 하나님 은혜로 컴퓨터를 잘하게 되었고 혼자서 공부하며 시작한지 2년 만에 어려움 없이 작업하는데 소통이 잘되고 있다. 그리고 혼자서도 교회 주보도 만드는데 크게 어려움 없이 잘 하고 있다. 또한 컴퓨터를 통해서 간증문을 쓸 수가 있게 되어 주님께 영광을 돌립니다.

"지혜가 제일이니 지혜를 얻으라 네가 얻은 모든 것을 가지고 명철을 얻을지니라."〈잠언서 4:7〉

산나물 팔아서
선교비 유지했어요

"부당하게 고난을 받아도 하나님을 생각함으로 슬픔을 참으면 이는 아름다우나 죄가 있어 매를 맞고 참으면 무슨 칭찬이 있으리요 그러나 선을 행함으로 고난을 받고 참으면 이는 하나님 앞에 아름다우니라 이를 위하여 너희가 부르심을 받았으니 그리스도도 너희를 위하여 고난을 받으사 너희에게 본을 끼쳐 그 자취를 따라오게 하려 하셨느니라." 〈벧전 2:19-21〉

우리 교회는 전도지와 목회 활동비가 없어 운영하기가 어려웠다. 전도사로 교회를 운영하면서 할 수없이 나는 산에 올라가서 나물을 캐야만했다. 가족들은 나와 남편에게 얼마 안 있으면 빚 때문에 망할 것이라고 하며 매일 잘못되기를 지켜보고 있는 것이었다. 나와 사이치상 정영애 집사 3명은 매일매일 기도하며 전도 활동에 전심전력을 다했다. 또한 매일 산에 올라가 산나물을 캐서 가게에 내다가 팔아가며 생활비와 선교비 충당을 했었다. 그리고 교회 수리와 전기공사를 했고, 의자와 테이블을 구입 하였다. 하지만 일본어 전도지도 만들고 자동차를 유지하기 위해서는 많은 돈이 필요했었다. 힘들고 어려웠지만 나는 기쁨으로 열심히 나의 현재 처해있는 열악한 조건들의 모든 것을 극복하기로 마음을 굳게 다짐하며 감당을 했다.

지난 시절 모진 역경도 이겨내고 지금에서야 모든 것을 깨우치고 하나님 앞에 돌아온 나는 더 이상 죄를 지으면서 고난을 받는 것보다 복음을 위해서 고난 받는 것이 더 행복했고 원망의 소리가 기쁨과 감사의 소리로 바뀌었고 산에 가서 나무를 부여잡고 기도하기도 했다.

그리고 나는 현재 생활이 풍족하지는 않지만 그러나 생각하면 할수록 주님의 크신 은혜의 감사가 넘쳐서,

주여! 감사합니다. 나 같은 죄인을 다시 회개시켜 주시고 죄악에서 구원해 주시니 너무 감사합니다. "선을 행함으로 고난 받는 것이 하나님의 뜻일진대 악을 행하므로 고난 받는 것보다 나으니라." 〈베드로 전서 3:17〉 말씀을 주셨다.

지금까지 고난 받은 것은 내 욕심을 위해서 했지만 다시 찾은 기쁨은 어떤 고난이 와도 주님을 위한 것이라 슬프거나 원망하거나 괴롭다고 울거나 한 적이 없고 오히려 감사가 터져 나와 고난

이 금덩어리였고 보석이었다.

그리고 내가 지금까지 걸어왔던 파란만장한 과거는 절대 부끄럽다고 생각하지 않는다. 고난이 있었기에 상대의 마음을 헤아리고 감싸고 아픔을 여러 사람들과 나눌 수 있는 원동력이 되었기 때문이다. 또한 주님의 계획안에 세워진 이 고난을 받는 것은 개인 개인 한 사람의 영혼을 구원하기 위해 기쁨으로 감당하고 있다.

'주여! 앞으로도 많은 환난과 고난이 오고 죽음이 온다 해도 두려워하지 말게 하시고 담대한 믿음으로 이겨 나갈 수 있게 하소서. 절대 포기하지 않게 하시며 나를 승리의 길로 인도하소서.' 나는 무슨 기도를 했는지도 모른다. 하지만 그렇게 기도를 하고 산에 가면 두렵고 무서웠던 내 마음은 두려움과 무서움이 사라지고 강하고 담대해지며 편안했다.

그리고 2층 예배당에서 각종 집회와 주일학교 여름행사를 했다. 주변에 있는 일본인 교회에서도 함께 협력하여 많은 분들이 참석해 주셨다. 하지만 선교비가 너무 부족했기에 유지를 하기 위해서는 산에 가서 나물을 캘 수밖에 없었다.

그렇게 나물을 캐러 산에 갔다 올 때마다 나는 온 몸에 상처투성이로 얼굴이 찢기고 멍이 시퍼렇게 들고 돌아오곤 했다. 이 모습을 본 정영애 집사님은 엉엉 울면서 "아게미 전도사님! 제발 산에 가지 말아요. 하나님이 설마 굶겨 죽이기야 하겠습니까."라고 말을 하는 것이었다.

하지만 나는 정영애 집사님 말씀을 무시하고 그 날도 또 다시 산으로 올라갔었다.

10일 동안 산나물을 캐서 팔은 돈이 15만 엔이나 되었다. 그 때 당시 산에 가면 산 전체가 돈 덩어리였다. 나물을 캐서 내다 팔면 돈이 되기 때문이었다.

어느 날 정영애 집사님께서 말씀하시기를 "오오타 전도사님! 오늘은 산에 가시면 하나님께서 벌을 주실 거예요. 그러니 제발 가지 말아요." 하면서 애원을 했다. 그러나 나는 정영애 집사님의 말을 무시한 채 정말 산에 가다가 자동차 속도위반으로 경찰에 걸려 산나물을 팔은 돈이 그대로 벌금으로 나갔다. 그 후 나는 결국 산에 다닌 지 7년 만에 졸업을 하게 되었다.

"그런즉 너희는 먼저 그의 나라와 그의 의를 구하라 그리하면 이 모든 것을 너희에게 더하시리라 그러므로 내일 일을 위하여 염려하지 말라 내일 일은 내일이 염려할 것이요 한 날의 괴로움은 그날로 족하니라."〈마태복음 6:33-34〉

하루는 정영애 집사님이 나에게 말씀하시기를 "전도사님! 제가 빚을 내서라도 비행기 값도 집에 생활비도 해드릴 테니 한국으로 가서서 목사님들을 만나서 선교보고 하세요. 후원금이 들어오면 산에 안가도 되잖아요." 그 때 나는 정영애 집사님 말을 듣고 순종을 하였다. 그리고 그동안 산에 다니며 사용하던 배낭과 낫과 호미자루를 내던지고 선교 보고서를 작성한 뒤 짐을 챙겨서 센다이에서 인천비행기를 타기 위해 센다이 공항으로 출발했다.

정영애 집사님은 내가 교회를 세우고 처음부터 개척 멤버로 나를 도우며 성심성의를 다해서 하나님을 섬기고 교회 일에 열심히 앞장서서 헌신하셨다. 나보다는 연세가 많으시지만 20년 전에 일본인과 결혼하여 시할아버지를 모시고 시부모님과 함께 사시면서 소대변을 받아내 가며 마음고생을 많이 하셨다. 그렇게 힘들고 바쁜 가운데도 교회의 행사가 있으면 본인이 가지고 있는 것을 모두 다 내놓으면서 봉사하셨고 오직 하나님만 의지하며 모가미 사랑교회(もがみ愛教会)에 없어서는 안 되는 든든한 기둥집사로 자리잡고 있었다.

그리고 나와 교회를 위해 개인적으로 돈까지 빌려서 뒷바라지를 해주셨고, 그 돈을 갚기 위해 정영애 집사님은 4년 동안 매달 자기 용돈을 절약해서 갚으셨다. 많은 어려움과 고통이 따랐지만 정영애 집사님이 없었으면 난 혼자서 교회도 이끌어 갈 수 없었을 것이고 일어서기란 더더욱 힘들었을 것이다. 이 글을 통해 다시 한 번 정영애 집사님께 주님의 이름으로 감사를 드립니다.

일본인 한 사람을 전도하는데 소요하는 시간은 100명에게 전도

하는 것 같았다. 일본인은 800만 우상을 섬기고 있는 나라이기 때문에 예전부터 정말 어렵고 힘들다는 것은 잘 알고 있었다. 내가 이곳에 오기 전까지 복음이 전혀 들어오지 않았던 모가미(最上) 산골짜기에 복음의 꽃이 피어날 것을 나는 믿고 있었다. 지금은 열매가 보이지는 않지만 언젠가 뿌려놓은 복음의 씨가 열매 맺고 기독교 마을로 변화될 것이라고 확실히 믿고 소망을 갖고 하루하루 기도하면서 나아갔다.

선교보서를 들고
인천공항에

센다이(仙台)공항까지 함께 동행을 해주신 정영애 집사님과 사이치상(佐一さん) 남편의 응원을 받아가며 잘 다녀오라고 축복해 주셨다. 그리고 나는 한국 인천 공항에 도착했다. 하지만 인천공항에서 선교보고를 들고 어디로 가야하는가 생각하니 막막하고 눈물이 났다. 그리고 잘 아는 목사님과 교회도 없었고 또한 교분이 전혀 없는 대형 교회를 무작정 찾아가서 무대포로 선교보고를 요청했더니 거절만 당했다. 어떤 목사님들은 일본인 남편과 결혼을 했으니 돈도 많고 편하게 선교하는 줄로만 생각하고 말을 하시는 분도 계셨다. 하지만 나는 발이 퉁퉁 붇도록 열심히 대형교회를 찾아가 포기하지 않고 선교보고 요청을 해봤지만 역시 아무런 성과를 거두지 못했다. 그래도 난 마지막이란 생각으로 사방팔방 이교회 저교회 다니면서 도움을 받을까 요청해보았지만 내 마음과 달리 선교비 도움을 주는 교회는 한군데도 없었다. 나는 그 때

모든 것을 포기하고 114전화로 박응순 목사님을 물어서 찾아간 곳이 인천 주안중앙교회였다. 박응순 목사님을 찾아가 뵙기로 결정한 것이다.

그렇게 나는 24년 만에 박응순 목사님을 찾아 만나 뵙게 되었고 처음으로 선교간증을 할 수 있게 허락해 주셨다. 그리고 지금까지 우리교회를 돌봐주시며 끊임없는 사랑과 헌신으로 매주 인터넷 생방송으로 손을 흔들어 주시며 기도해 주시며 후원을 아낌없이 해주시고 있다. 살아계신 하나님을 사랑하고 영혼들을 뜨겁게 사랑하시며 겸손하시고 말없이 헌신하며 이처럼 나같이 부족한 여인에게 옛날이나 지금도 변함없이 주님의 사랑을 보여주시는 박응순 목사님과 주안중앙교회 모든 성도님들께 진심으로 감사를 드립니다.

그리고 천호동 성광교회 천귀철 목사님, 김경숙 전도사님, 장로님과 성도님들께 주님의 이름으로 감사를 드립니다. 지금까지 일본선교와 부족한 여종을 위해 지속적으로 선교 후원을 해주시고 아낌없는 사랑과 기도를 베풀어 주셔서 감사를 드립니다. 모든 영광을 주님께 돌립니다.

그리고 나는 일본으로 다시 돌아와 2년 동안 매일 기도하면서 예배당을 건축하게 해 달라고 기도하며 부르짖었다. 그리고 그 때 난 일본어가 부족하여 설교와 전도하는 것이 어려워 우리교회에

돕는 자를 보내주소서 기도했더니 2년 만에 하나님께서 응답주셔서 도우실 분을 보내주셨다.

일본인 니시가이 마끼꼬 목사
(西海 満喜子)님과의 만남

　　2009년 8월에 일본인 (니시가이 마끼꼬(西海満喜子) 67세, 여자 목사님께서 모가미 사랑교회(もがみ愛教会) 협력 목사님으로 부임하셨다. 너무나 훌륭하시고 자상하신 일본인 목사님이셨다. 마끼꼬(満喜子)목사님은 동경(東京)에서 40년 동안 목회를 하셨던 분이시며 남편인 목사님께서는 몇 년 전에 지병으로 돌아가셨고 혼자서 남편분의 뒤를 이어 사역을 하시고 계셨다.

　　마끼꼬 목사님께서는 모가미 사랑교회(もがみ愛教会)에서 오후 2시 예배에 일본어 설교를 담당하시며 문서선교를 도우셨다. 그리고 개인적으로 건축헌금을 백만 엔을 하시고 동경 일본인 교회를 다니시면서 후원금을 모아오셨다. 진심으로 모가미 교회를 위해서 열정적으로 헌신하시며 노력을 하셨다.

　　그뿐만이 아니었다. 그 해 계절은 벼농사하기엔 날씨가 너무 좋지 않아 벼가 병들어 수확이란 것도 하지 못하게 되었다. 그리고 은행에 빚을 갚지 못하면 우리 집은 채권으로 넘어갈 뻔 했지만 마끼꼬 목사님께서 우리집안의 딱한 사정을 아시고 빚을 조금이나마 갚도록 도와주셨다.

그리고 한국에서 선교비를 보조받아 모두 합친 금액 몇 백만 엔을 모아서 2010년 6월에 조립식 예배당 24평을 설치하기 위해 옛날 건물을 철거하고 기초공사를 시작했다. 또한 예산이 부족하다보니 많은 인부들을 고용할 수 없어 마끼꼬 목사님과 성도님들이 함께 철거작업을 하는데 도와주셨다. 인건비가 너무 비싸서 인부들을 모두 고용해서 공사를 하기엔 엄두도 못 내었다. 사정이 이렇다보니 남편도 회사에 휴가신청을 내고 예배당 공사를 직접 설계하며 건축에 필요한 기계를 동원하여 몸을 아끼지 않고 예배당을 짓는 일에 참여하게 되었다.

일본에서 아무리 작은 교회라 하더라도 막상 세운다는 것은 어려운 일이다. 더군다나 성전건물을 세운다는 것은 하늘에 별 따기보다 어려운 일이다. 일본의 물가가 워낙 비싼 관계로 자재비 또한 한국보다 10배가 비싸다보니 그 때 당시 우리 형편으로는 불가능한 일이었다.

예배당 세울 토지를 남편이 하나님께 드린다고 주셔서 기초공사를 시작하게 되었다. 무사히 기초공사를 마치고 조립식 건물을 설치하게 되었다.

12평에서 24평으로 추가 공사를 하여 넓게 공간을 사용할 수가 있었다. 그리고 비록 사람들이 많지 않은 산골짜기 시골동네이었지만, 또한 화려하지도 웅장하지도 멋지지도 않고 그렇다고 훌륭한 예배당 건물은 아니었지만 그 동안 따로 교회건물이 없어 좁은 방안에서 예배를 봐야했던 것에 비한다면 이제는 작은 건물이지만 예배를 드릴 수 있는 공간이 생겼다는 것이 하늘을 나는 것 같이 기뻤었고 마음 놓고 예배를 드릴수가 있게 된 것이 하나님의 은혜였다.

그 때 당시 교회지붕은 베니 합판으로 씌우고 에어컨도 없어서 여름에는 뜨거운 태양빛에 사우나에 들어 간처럼 땀을 흠뻑 흘렸고 겨울에는 많은 눈 때문에 천장이 무너질까봐 염려가 되어 지붕에 올라가 삽으로 눈을 퍼내기도 하였다. 정말 고생도 많이 하고 힘도 들었지만 교회가 있다는 것만으로도 하나님께 감사를 드렸고 사랑교회 성도님들과 마끼꼬 협력 목사님께서 너무 기뻐서 예배당에 와서 찬양을 하며 기쁨으로 가득 차 있었다.

대학병원에서
수술을 받다

　예배당을 세우고 얼마 후 그해 가을 2010년 10월27일 병원에 입원한 나는 장장 7시간이나 걸러서야 대 수술을 마치고 병실로 돌아왔다. 얼마 후 마취에서 깨어나서는 정말 기억하고 싶지 않을 정도로 너무나 고통스러웠고 아팠다. 남편 외에는 아무도 병문안을 와보지도 않았다. 그러나 수술이 끝날 때까지 또한 내 옆에서 묵묵히 정성껏 간호해준 남편에게 감사를 드린다.

　그리고 남편은 수술 후 나의 몸속에서 6가지 종류를 도려낸 것을 병에 담아가지고 와서 보여주면서 수술은 잘 되었다고 말을 하는 것이었다.

　수술을 마치고 입원한 나는 교회를 못 나갔지만 남편은 주일날 내 대신 열심히 성도들에게 예배를 인도하였고 또한 인터넷을 통해서 예배를 드렸고 일본인 목사님도 함께 설교를 도우셨다. 그리고 예배가 끝나면 미가엘 반주기를 들고 병원에 와서 예배를 드려주었다. 그리고 나에게는 기도와 성경을 읽어주시곤 했다.

시어머님과 친척들 누구 하나 병문안을 한 번도 오시지도 않으셨고 나 혼자 외로운 병실 생활을 하면서 너무 서운하고 마음이 아팠다. 그리고 나는 수술 받은 곳이 너무 아파서 견디다 못해 한국에 계시는 목사님께 전화를 걸어 기도를 받기까지 했다. 그렇게 내가 가장 힘들고 어려울 때 늘 잊지 않고 기도해 주신 분이 계셨다. 주안중앙교회 박응순 목사님과 모든 성도님들이 내가 퇴원 할 때까지 하루도 빠짐없이 기도해 주셨고 인터넷을 통해 이명희 선교사의 나의 빠른 건강회복을 위해 위로의 기도를 해주셨다고 우리교회 집사님께서 말씀하셨다.

그리고 천호동 성광교회 천귀철 목사님과 전 성도님들은 나를 위해 하루도 안 빠지고 밤낮으로 기도해 주셨고 국제전화까지 해주시며 기도해 주셨다. 모든 분들의 관심과 뜨거운 주님의 사랑을 입은 나는 주님 안에서 빚진 자가 되고 말았다. 내가 모든 분들에게 빚을 갚아야 되는 길은 열심히 선교하여 영혼을 구원하는 일이라 생각했다.

수술 받고 나는 20일 만에 병원에서 퇴원하고 집으로 돌아왔지만 시어머님은 나에게 고생했다는 말 한 마디가 없으셨고 나와 얼굴도 마주치지 않으시기까지 했다. 나는 식사를 해야 하는데 너무 아파서 걸어 나갈 수가 없었다. 한 걸음 한 걸음 힘든 발걸음으로 부엌에 가보니 시어머님은 혼자서 식사를 하고 계시는 것이 아닌가. 참으로 어이가 없었다.

 '며느리가 죽던지 말던지 걱정도 안 되는지……. 어쩌면 시어머니 되시는 분이 이렇게 피도 눈물도 없이 매정할까. 정말 무서운 사람이구나.' 하고 이를 악물고 아픈 몸을 움켜쥐고 기어나가서 밥을 챙겨먹기도 했었다. 시어머님에게 나는 예수 믿는 죄로 미움을 받던 중이라 바라지도 않았지만 너무나 냉정하고 잔인했다. 하지만 나는 시어머님을 생각하며 항상 변함없는 마음으로 사랑을 갖고 끝까지 참고 기다리며 인내하며 기도하리라 언젠가 복음을 받아드릴 것을 믿고 소망으로 살기로 마음을 굳게 먹었다.

 일본의 대부분 사람들은 체면을 중요시하게 여기며 살아간다. 그리고 교회 가는 것도 동네사람들의 눈초리가 무서워 피해 다닌다. 그러나 나는 그분들의 생활을 이해하며 직접 사랑을 실천하는 모습을 보이면서 노력했고 조금씩 선한 사역을 통해서 빛을 보기 시작했다. 그렇게 시간이 흘러 나는 점점 건강이 회복되어가고 있었으나 그렇다고 완전히 회복된 상태는 아니었지만 예배인도만은 하지 않으면 안 되었다. 그리고 몇 번이고 죽을 수밖에 없었던 나의 생명을 연장 시켜주신 하나님께 감사와 영광을 돌립니다.

목사 안수를
받다

나는 그 후 한국 교단에서 2010년 10월15일 대한예수교장로회 칼빈개혁총회 소속 선교사 파송을 받고나서 강도사 고시를 거친 뒤 2010년 10월20일 산하수도노회 소속 목사로 임명 받았다.

그리고 목사안수 받을 때 경제적으로 비용이 부족할 때 일본인 마끼꼬 목사님께서 비용을 도와주셨고 인천주안중앙교회 박응순 목사님께서도 비용을 도와 주셨습니다.

모든 분들의 기도와 협력으로 목사로 기름부음을 받고 당당하게 주님 사역을 감당할 수 있게 되어 너무나 기쁘고 하나님께 감사를 드립니다.

모든 것이 부족한 제가 목사 안수 받을 자격이 있어서 받은 것도 아닙니다. 그리고 교통편도 좋지 않은 먼 산골짜기까지 어느 누가 와서 복음을 전할 수 있겠습니까? 그러나 나는 사역을 위해서 안수를 받게 된 것이었습니다.

그리고 한국에서 목사 안수를 받고 일본으로 돌아온 나는 예배당 헌당식을 드리기 위해 준비하게 되었다. 또한 지금은 목사 타이틀로 당당하게 열심히 선교사역을 하고 있다.

모가미 교회 예배당
헌당식

　2010년 9월7일 헌당예배를 드리게 되었다. 헌당예배 때는 동북지방 여러 한인교회와 일본인교회에서 36명이란 많은 분들이 찾아 오시기에도 힘든 산골짜기 먼 길까지 오셔서 축하해 주셨다.

　강사님은 (의정부 사랑과 평화의교회) 시무하시는 김영복 목사님에게 특별히 부탁드려 한국에서 초청하여 설교를 주선하게 되었다. 그리고 우리부부는 10년간 결혼식을 형편상 올리지 못하다가 헌당식 날 2부에 맞춰 결혼식을 올리게 되었다. 드레스는 목사님께서 한국에서 드레스 숍 하시는 분에게 내 몸 사이즈에 맞는 것을 한 벌 빌려 드라이까지 해 오셔서 신부인 저에게 입혀주시고 주례까지 맡아서 우리 부부를 축복해 주셨습니다. 신부 부케는 오오바 고우세이상이 선물로 준비해 오시고 잔치 음식은 센다이 사랑의 교회에서 준비해 오셨다. 그렇게 많은 분들의 축복 속에서 결혼식은 무사히 마칠 수가 있었다. 그 때 시어머님한테 결혼식에 참석해 달라고 부탁을 드렸지만 교회에서 하는 것이 창피하다고 하면서 도시락을 준비하시더니 어디론가 나가 버리셨다. 시집식구는 아무도 참석하지 않았다.

그리고 나를 위해 수고해 주신 김영복 목사님께 수고비를 전혀 드리지 못해서 죄송하기도 했고, 너무나 감사하기도하며 주님께서 모든 것을 갚아주실 것을 믿고 기도했습니다. 정말 존경하고 겸손하시고 아버지와 같으신 자상하시고 훌륭하신 목사님이셨습니다. 김영복 목사님께서 지난번에 수술을 받으셨는데 찾아뵙지 못해서 정말 진심으로 죄송할 뿐입니다.

하루속히 건강이 회복되시길 진심으로 기도드립니다.

2010년 9월6일~9일까지 일본선교 동북지방 순회 집회를 함께 하신 김영복 목사님께서 홈페이지에 올리신 칼럼을 이곳에 옮겨 봅니다 .

지난 9월6일부터 9일까지 일본 동경에서 북쪽에 위치한 시골교회 헌당 예배에 참석하고 왔다. 3년 전 단 한 명의 교인을 두고 부흥회를 요청하였던 곳이다.

3년 전 당황스러움과 추억으로 봐서 내가 가지 않아도 행사는 차질 없이 진행될 수 있다는 것도 알고 있었다.

나는 열악한 환경과 영적으로 황무지인 일본의 산골짜기에 있는 시골까지 할일도 많은데 이렇게 바쁜 업무를 중단하고 꼭 가야만 하는가 하고 갈등도 했었다. 그리고 그 때 노회 교역자 회의가 있었고 또한 전국 노회장 회의가 있는 주간이었기 때문이었다. 그 때 교회도 가능하면 비우지 않고자 했던 나의 생각 때문이었다.

그렇지만 어렵고 힘든 곳. 열악하고 황무지 같은 곳이기 때문에 그곳 목사님의 요청을 고민 끝에 수락하기로 하였다. 물론 시간이나 물질이나 모든 것을 자비로 해야 할 뿐 아니라 선교지에는 언제나 주어야 하는 곳인 줄도 잘 알고 있었다. 넉넉하고 규모가 있는 곳이었다면 다음으로 미루거나 사양했을 것이다. 환대받고 환영받는 집회라면……. 그리고 풍성한 환경이었다면 거절했겠지만 심히 어려운 곳에서 3년간의 선교 열매로 예배당을 건축하였으니 기쁘게 방문하여 말씀을 전하기로 한 것이다.

그곳 아게미 담임목사님은 이 일본에서 특히 시골교회에서 수십 명이 모일 수 있었던 것은 기적이라고 했다. 성도들은 빈 의자가 없어서 바닥에 앉기도 했다. 설교하는 말씀에 감동이 되어 앙코르설교를 부탁하여 센다이 사랑의 교회에서 다음날 하기로 하였다. 예상외로 깊은 은혜와 감동이 되었노라고 그 다음날 출국하는 공항에까지 10여명 이상이 오셔서 배웅해 주셨다.

"주님, 이 어두움이 깔려 있는 일본에 복음의 불길이 타오르게 하옵소서." 기도하면서 귀국했다.

어려운 곳이었기에 방문했던 것이 잘한 것 같다는 생각을 하였다. 일본에서 돌아온 후유증세로 피곤과 몸살을 앓았지만 기쁘고 감사할 뿐 아니라 일본선교의 깃발을 내려서는 안 되겠구나, 하는 마음을 다잡았다. 모든 영광을 주님께 올려 드립니다. 아멘.

1차 대학 병원에서 귀 수술을 받다

2009년 10월27일 귀 수술을 받게 되었다.

나는 어려서부터 아버지한테 매를 맞아서 고막이 터져 한쪽귀가 잘 들리지가 않았다. 그 때 당시 귀에서 피 고름이 나오고 냄새가 나서 직장생활을 할 수가 없었다. 항상 남의 말을 못 알아듣는다고 놀림을 당하기도하고 따돌림까지 받기도 했었다. 어려서 부터 안 들린 것이 거의 50년 정도 귓병을 앓아야 했습니다.

그런데 처음에 일본에 와서 산에 들어가 엎드려서 죽순을 따고 일어나면서 나뭇가지에 하필이면 들리지 않는 귀에 깊숙이 찔리는 순간 "악~~" 하고 별이 번쩍하며 보이는 것이었다. 귀에서 피가 줄줄 흘러내리고 순간 나도 모르게 귀에 들어간 나무를 빼버렸다. 너무나 아파서 기절을 할 정도로 방방 뛰면서 "주여! 주여!" 산을 향해서 소리 쳤다. 하늘에는 이슬비가 하염없이 내리고 있었다. 그리고 병원에 갔었지만 치료를 받고 의사 선생님께서 말씀하시기를 큰 병원에 가서 수술을 받으라고 했었다. 그래도 나는 치료만 받고 있으면 괜찮겠지 하고 2년간 병원에 가지도 않았었다.

남편 권유로 50년간
한쪽을 듣지 못했던 귀 수술을 함

　내가 목사 안수 받고 난 뒤에 남편은 나에게 귀 수술을 받으라고 권하는 것이었다. 목사가 되었으니 모든 성도들의 음성을 들어주어야 하니까 수술을 받아보라고 했다. 정말 진심으로 남편에게 고맙고 감사했다.

　나는 남편과 함께 병원으로 가서 정밀검사를 받은 후 수술을 하였다. 그러나 간단하게 끝날 줄 알았는데 수술 중에 의사의 말은 생각보다 귀안이 손을 댈 수 없을 정도로 문제가 있다고 한다. 또한 귀뼈와 고막이 녹고 썩어서 없어졌다고 말을 하는 것이었다. 그래서 수술은 대 수술로 이어져 1차 수술에 인공 고막을 넣었다. 그리고 다시 1년 뒤에 2차 수술을 받기로 하고 수술 받은 뒤 12일 만에 병원에서 퇴원하고 집으로 돌아왔다. 나는 남편의 권유로 수술을 받게된 것이 얼마나 감사한지 하나님께 기도를 드렸다. 그리고 수술을 받은 뒤 사람들의 말하는 소리를 들을 수 있다는 것이 기적 같았다.

2차 귀 수술을 받다

그리고 1년 뒤 2010년 9월에 예배당 헌당식을 끝내고 9월 말일 경에 2차 수술을 받았다. 생각보다 수술이 성공적으로 잘되어 50년 만에 귀가 잘 들리게 되어 너무너무 행복하게 된 것을 주님께 감사드리며 우리남편에게 고마움을 보내드립니다.

지나온 세월을 돌아보면 남이 하는 말을 알아듣지 못해 주위 사람들에게 많은 비난의 연속이었고 또한 내 자존심은 심한 상처를 받았으며 남들에게 말 못했던 속상한 일이 한두 번이 아니었다. 누군가 나를 몇 번씩 불러도 대답이 없을 때 오해도 많이 받기도 했고 상처를 많이 받았었다. 그러나 하나님은 나를 그대로 내 버려두지 않으셨다. 때가 되니 주님이 내 신체의 고장 난 부분들을 찾아내셔서 깨끗하게 고쳐주시고 나의 부끄러움을 갚아주셨다. 그리고 주님의 일을 감당할 수 있도록 건강을 주시었다.

그렇게 수술을 받고 3개월 되던 2011년에 선교집회를 하기 위해 계획을 세우고 행사 준비 작업에 들어갔다.

그러나 나의 귀는 아직 완전히 회복된 것은 아니었지만 영혼구원에 열정은 포기하지 않았다. 그 날 나는 생각하면 할수록 하나님의 크신 은혜에 너무 감격하여 잠시라도 가만히 쉴 수가 없었다.

나 같은 죄인 살리신 주 은혜에 놀라와 잃었던 생명 찾았고 광명을 얻었네. 찬송가 405장을 부르며 하염없이 감사의 찬양을 불렀다. 일본에서 죽어가는 저 영혼들에게 복음을 전해야겠다는 마음으로 정성껏 기도했다. 그리고 2011년 신년집회 날이 다가오고 있었다. 강사로는 한국에 계신 목사님을 초대하고 싶었기에 어떤 강사님을 섭외를 해야 하나, 누구를 할까하며 생각한 끝에 가수 김종찬 목사님께 전화를 걸어 집회 요청을 했었다.

2011년 1월 17~26일까지
가수 김종찬 목사님 초청집회

그 후 김종찬 목사님에게 2011년 1월17일 모가미 시골 교회에서 열리는 찬양집회를 부탁드렸고 사례비는 없으나 갈급한 영혼들이 있습니다. 선교차원에서 도와달라고 말씀을 드렸다. 그로부터 3일후 김종찬 목사님께서 오시겠다는 연락이 왔었다. 그리고 모처럼 어렵게 모시는 분이라 일본 동북지방에 있는 여러 한인교회에 일일이 전화를 걸어 집회를 열어달라고 요청을 드렸다.

10일간에 걸쳐 10군데의 교회를 순회 집회 하는 스케줄을 잡아 놓고 모가미 사랑교회부터 시작하여 첫날 16명이 모여 은혜찬양 집회 시간을 가졌었다.

1월 달이라 이곳 모가미는 모진 눈보라가 휘몰아치는 날이 많았다. 하지만 하루 평균 6시간을 센다이현(仙台県), 사까타현(酒田

県), 야마카타현(秋田県), 미야기현(宮城県)을 오고가며 밤낮으로 동북지방 순회 집회를 하기위해 자동차 안에서 주먹밥을 먹어 가며 사역을 해야만 했다. 눈이 너무 많이 내려 자동차가 달리는 중에 눈보라 때문에 앞이 안보여 한참동안 멈추다가 떠나기도 했다. 어느 해보다 그 때는 눈이 3배나 더 내려 도로마다 빙판길이었고 위험을 무릅쓰고 눈보라를 뚫고 새벽 3시경이 되어서야 겨우 모가미 숙소에 도착 할 수 있었다.

나는 김종찬 목사님과 함께 생명을 걸고 일본 선교를 위해 열정으로 영혼구원을 위해 전심전력을 다했다. 위험한 산골짝 오지에서부터 시작된 선교집회는 많은 일본 영혼들이 회심하며 주님께 돌아오는 계기가 되었다. 집회 중에 순간순간마다 사탄의 역사도 있었고, 또한 나는 수술을 3년간 3번이나 받은 탓인지 정상적인 몸이 아니었고 역시 피곤한 몸은 어쩔 수가 없었다. 그런 나의 몸과 마음을 하나님께서 붙들어주시지 않으셨으면 정상적으로 집회를 할 수가 없었을 것이다.

어떤 날은 순회 집회를 끝마치고 숙소까지 돌아오는 거리가 너무 멀어서 모가미 숙소에 들어오지 못할 때는 야마가타현 교회에서 비지니스 호텔방 2개를 예약해 주어서 숙박을 하고 그 이튿날 미야기현 오가와라 마을 음악당 집회를 향해 떠나기도 하였다.

호텔에서 숙박한 나는 그날 밤 너무 추워서 새벽까지 잠을 이루지 못하기도 했다. 또한 호텔도 처음 간 것이었기에 더더욱 히터가 있다는 것은 모를 수밖에 없었기 때문에 히터 키는 것을 몰라서 밤새 떨면서 생각한 나머지 목욕탕에 뜨거운 물을 받아놓고 그곳에 들어가 날이 밝아오는 시간까지 잠을 자야만 했다.

김종찬 목사님은 자기 체면과 명예와 욕심을 버리고 한 영혼을 바라보고 천하고 무능한 계집종의 말을 듣고 일본 오지 마을 산골짜기까지 오셔서 말씀을 증거 하셨다. 찬양 집회를 통해서 영혼들을 울리고 살아있는 하나님의 역사를 체험하기도 했었다. 하나님께서 보내주신 김종찬 목사님께 주님의 이름으로 감사를 드립니다.

2차 일본 선교 집회를 약속하며 무사히 주님 은혜 가운데 마지막 미야기현 오까와라 마을 음악당 집회를 마무리하고 일본선교의 모든 일정을 무사히 끝내고 김종찬 목사님은 곧 바로 미국 집회로 떠나셨다.

그리고 집회를 하는 동안 부족한 저를 도와서 강사님을 대접해 주시고 섬겨주신 박혜경 집사님과 김영란 집사님께 주님의 이름으로 축복하며 감사드립니다. 동북지방 여러 한인교회에서 함께 집회를 협력해 주신 선교사님과 성도님들께 주님의 이름으로 감사드립니다.

　김종찬 목사님께서 미국집회에 가셔서도 일본을 잊지 않으시고 기도해 주시며 수고해 주신 모든 분들께 응원의 편지를 보내 주셨습니다. 이곳에 편지를 옮겨 봅니다.

　목사님!!

　이곳 LA의 집회 역시 강력한 하나님의 임재하심으로 많은 성도들이 회심하고 회개하며 놀라운 하나님의 위로하심을 경험하게 되는 성령님의 도우심이 함께 하는 그래서 성도님들과 교회에서 다시 와주셨으면 하는 재요청을 받았습니다.
　저를 도우시며 함께 하나님 사역을 충분히 감당하셨습니다.

　오오바 목사님 헌신과 노력, 놀라운 투지와 고군분투하시는 목사님을 보면서 너무 많은 것을 보고 배웠습니다.
　또한 아무리 고고하고 지식이 많아도 너무 높고 명예가 드높아도 그렇게 오지의 땅에서 한 생명을 바라보며 하나님의 사역을 감당하지 못하는 많은 분들이 있으신데, 저 또한 그러할 진데 목사님은 훌륭히 그 일을 감당하시고 계십니다.
　그런 목사님을 존경합니다.

주의 일을 감당하다 보면 오해와 자기중심 그리고 많은 세력들의 훼방이 있을 수 있습니다.

그리고 어려움이 닥쳐오지만 그럴 때마다 오오바는 꿋꿋하게 이겨낼 것입니다.

함께 하는 동안 너무 많은 사랑을 받고 느꼈습니다.

시어머님, 남편 사이찌 상, 박혜경 집사님, 사오리 엄마, 오오바 집사님, 기꾸찌 상, 열심히 통역을 해주셨던 사카다 순복음의 이 목사, 그리고 끝까지 자리를 빛내주셨던 텐도 우리교회 목사님……

그렇게 진실과 진심으로 성심껏 주의 종을, 저를 섬겨 주셨는지 이 은혜를 어떻게 다 갚을 길이 없습니다.

꼭 전해주세요. 너무 감사하다고요, 너무 사랑한다구요.

꼭 다시 만나게 될 것입니다.

꼭 다시 손잡고 주의 일을 감당하게 될 것입니다.

그 날까지 기도하며, 찬송하며, 예배드리며, 그저 지금처럼 평범하고 겸손하게 주님을 바라보는 우리가 되기를 기도하겠습니다. 건강하시고 늘 주 안에서 행복하세요. 너무 기쁘고 행복해서 늘 주님 앞에서 울 수밖에 없는 김종찬 목사가 드립니다.

2011년 3월11일
센다이 미야기현 쓰나미 지진

"나는 항상 소망을 품고 주를 더욱더욱 찬송하리이다 내가 측량할 수 없는 주의 공의와 구원을 내 입으로 종일 전하리이다." 〈시편 71:14~15〉

나는 그 후 3월 첫 주부터 혼자서 선교여행을 떠나기로 계획되어 있었다. 모가미부터 시작하여 센다이 미야기현(宮城県), 후꾸시마현(福島県), 동경(東京)쪽으로 전도 여행을 할 생각으로 계획을 잡고 김종찬 목사님께 편지를 보냈다.

내용인즉 3월부터 전도 여행을 가기로 계획을 보고 하였더니 김목사님은 나를 위해 기도해 주시겠다고 응답이 왔습니다. 그런데 2월 말일 경에 갑자기 전도 여행 계획이 내 뜻과는 달리 바뀌게 되었다. 그것은 하나님께서 허락을 하시지 않는 것이다. 그리고 일본을 떠나라는 마음이 자꾸 와서 나는 주님께 기도를 드렸습니다.

'하나님! 저는 지금 비행기 값도 없고 돈 한 푼도 없는데 어떻게 가란 말입니까.'라고 기도를 드렸다. 그 때 주님은 나에게 마음의 평안을 주시면서 아무것도 염려하지 말고 떠나라 하였다. 그리고 비행기 값을 준비해 놓으셨다고 하셨다.

기도를 마친 후 2일 만에 생각지도 않았던 좋은 소식이 전해졌다. 남편이 나에게 은행에 가보라는 것이었다. 몇 십만 엔의 돈이 통장으로 들어왔으니 확인하라는 것이었다. 그 이유인즉 2010년에 쌀농사를 지어 농협에 냈지만 쌀값이 너무 싸서 다시 나라에서 되돌려왔다는 것이었다. 나는 그 순간 하나님께 감사와 찬송을 돌렸다. 아니 이럴 수가 있을까, 주님은 내가 무엇이 필요한가를 다 아시고 준비해 주셨다. 나는 큰소리로 "하나님 감사합니다. 감사합니다."라고 너무 기뻐서 큰소리로 외치고 춤도 추며 웃었다. 그리고 바로 2011년 3월4일 센다이(仙台) 비행기 티켓을 예약을 했다.

센다이 공항에서 탑승하고 2시간 만에 인천공항에 도착을 하였다. 공항에는 주안중앙교회 김용화 목사님 부부가 마중 나오셔서 차를 타고 주안중앙교회 선교관으로 이동을 하였다. 하지만 선교관은 사전에 예약도 하지 않은 상태여서 빈 방이 없었다. 그리고 며칠 뒤 부평에 있는 교회 선교관으로 이동을 해야만 했다. 그리고 한국에 도착한 다음 날부터 나는 환경이 바뀐 탓인지 갑자기 병이 나서 선교관에서 끙끙 앓아눕게 되었다.

언제나 한국에 방문할 때마다 한 번씩 꼭 몸살을 앓아눕는다.

무료 선교관은 주일이 되어서야만 퇴실을 해야 하는 규정이 있었기에 나는 한국 온 지 딱 7일 만에 몸이 회복되면서 다시 수원에 있는 선교관으로 이동을 해야만 했다. 또한 한국에 올 때마다 숙식할 방이 없어 이리저리 방황을 하기도 했다. 그렇다고 해서 비싼 방세를 지불하면서 호텔에 숙식하기에는 너무 부담이 되었기에 무료로 재공해 주는 선교관을 찾을 수밖에 없었다.

그 날 저녁 수원에 도착한 후 방에서 잠시 쉬고 있을 때 김종찬 목사님한테서 전화가 왔다. 지금 일본에 대 지진이 일어났으니 빨리 텔레비전을 켜보라고 하는 것이다. 나는 깜짝 놀라서 TV를 켰다. 일본 센다이 미야기현(宮城県)지역에 대 지진이 일어나 쓰나미가 상상할 수 없을 정도로 마을을 삼키고 있었다. 내가 한국에 온지 7일 만에 일어난 사건이라 놀라지 않을 수가 없었다. 그 때 나는 또 다시 하나님의 섭리를 깨닫고 감사를 드렸다. 내가 만약 쓰나미가 일어나던 날 하나님의 계시를 어기고 센다이에 있었다면 내 생명은 어떻게 되었을까를 생각해 보았다. 하나님은 언제쯤 대 지진이 일어날 것을 아시고 그전에 나에게 피할 길을 인도해 주신 것 같았다.

그리고 하나님은 나를 한국에 있는 동안 많은 선교사역을 할 수 있게 하시고 또한 주위 성도 분들도 쓰나미로 인해 피해를 본 수해주민들을 조금이나마 돕기 위해 많은 성금도 스스럼없이 지원해 주셨다. 나는 그 때 빨리 일본으로 돌아가야겠다는 생각이 들어 짐을 챙겼다. 그러나 많은 분들이 방사성 문제로 지금은 일본으로 들어가지 말라고 반대했지만 나는 "어떻게 나만 혼자 살겠다고 편안하게 한국에서 지낼 수가 있겠습니까?"라고 말을 했었다. 그리고 나는 다른 사람의 말을 무시해버리고 한시라도 빨리 일본에 돌아가려고 비행기 예약을 해보았지만 일본공항이 폐쇄되고 한국에서도 일본으로 가는 비행기가 움직이지 않아 연 속 4번이나 취소 전화만 걸려왔었다.

하지만 나는 모가미에 두고 온 가족과 교회, 그리고 많지 않은 성도님들이지만 너무 궁금하고 이대로 가만히 있을 수만은 없었다. 남편과 성도 그들의 안부만이라도 알고 싶었다. 그리고 난 바로 국제전화를 걸었지만 전화통화 연결이 계속 안 되어서 나의 마음은 온통 일본에 있는 사람들이 걱정이 되고 답답해서 미칠 것만 같았다. 걱정과 근심으로 마음고생이 심했던 나는 3일 만에 다시 전화통화를 해보았다. 그 때서야 전화 연결이 될 수 있어 남편과 통화가 가능하였고 내가 살고 있는 모가미 소식을 물어 보았다. 남편의 말은 이곳은 지진으로 인해 전기와 통신이 끊겼고, 수돗물도 안 나올뿐더러 집도 많이 흔들리고 눈보라가 치며 무척 추운 날씨 탓에 고생은 했지만 다행히 인명피해는 없었다고 했다.

먹을 물이 나오지가 않아 눈을 퍼다 녹여서 식수로 사용했다고 한다. 그래도 남편과 통화를 하고 살아 있다는 것만으로도 정말 너무너무 감사했다.

하나님께서 나를 도우시고 가족과 교회를 지켜주시며 안전한 바위틈에 숨기사 보호받게 하시니 할렐루야! 주님께 감사와 영광을 돌렸다.

나는 그 후 4월 12일에 니가타 공항으로 들어올 수가 있었고 집에 무사히 도착을 했다. 한국에서 여기로 올 때까지 내가 생각했던 것보다 너무 조용하고 평화로웠다. 그리고 약속대로 센다이 지역에 방문하여 박혜경 집사님을 만나서 여러 성도님과 함께 쓰나미 현장을 안내를 받아 피해지역을 돌아보고 피난처에 방문해서 피해주민들에게 정성껏 기도해주고 위로의 성금을 전달하기도 했다.

하지만 내가 여기 오기 전까지 생각했던 것과 달리 집과 가족도 잃었던 슬픔과 좌절에 빠진 그들은 생각보다 너무나 차분하고 침착했다. 그런 모습들을 보고 나는 일본 분들에게 또 다른 배울 점을 느꼈다. 그리고 박혜경 집사님의 안내를 받아 센다이 영사관에서 피난생활을 하고 있는 한 여성을 만나보았다. 그분에게 주님의 사랑과 기도를 해주고 적은 정성이지만 성금을 전달을 했다. 이 여인은 남편과 시아버지가 바다에서 양식업을 하셨는데 쓰나미로 영원히 돌아올 수 없는 곳으로 쓰나미에 쓸려갔다고 한다.

또 다른 수해 주민 홍경임씨는 오래전에 일본인과 결혼하여 어린아이들 3명과 함께 만삭이 된 임산부였다.

수해주민들 피해지역을 다니면서 기도와 성금을 전달하고 나는 집에 돌아오고 난 뒤 주위의 많은 분들에게서 감사의 편지가 날라왔다. 그 중에 한통의 글을 올리겠습니다.

홍경임씨의 편지를
그대로 올려봅니다

(현 모가미 사랑교회) 모든 분들께.

저는 2011년 3월11일 동북지방 미야기현 쓰나미에 피해를 본 (오오가베 리리카)홍경임이라고 합니다.

모가미 교회 목사님과 모든 분들께 무엇이라고 감사를 드리려 할지… 눈물이 앞을 가리고 저를 위해 기도해주시는 모든 분들께 그저 감사합니다.라고 말할 뿐입니다. 저는 쓰나미의 위력을 너무나 몰랐습니다.

그래서 아이들과 할머니 이렇게 다섯 식구 모두 쓰나미가 일어나던 날 이층으로 올라갔습니다. 어떻게 해야 할지 몰랐습니다. 그저 3명의 어린 아이들과 뱃속에 만삭된 채 이층에서 어찌해야 좋을지 그저 바라만 보고 있었습니다. 처음에는 쓰나미가 우리 집 앞에 있는 집 한 채를 덮쳤을 뿐 그렇게 크지는 않았습니다. 그러나 아이들과 저는 너무나 무서웠습니다. 그런데 두 번째 쓰나미는 너무나도 표현하기가 힘든 위력으로 바다에 있는 모든 배들을 밀고 산으로 향하고 있었습니다. '아~~ 이제 우리 모두는 죽는구나' 하고 아이들에게 침대에 들어가서 자라고 했습니다. 그러고 나서 바다를 보니 이번에는 마을의 전체를 휩쓸어가고 있었습니다. 우리 집 자동차도 떠내려가고 이미 우리 집 1층에도 쓰나미가 들어 왔습니다. 오늘따라 왜 이렇게 눈이 슬프게 내리는지 하늘의 재앙이 내려앉는 것 같이 정말 세상에 종말이 온 것 같은 무서움이 내 마음을 두렵게 했습니다. 무서워서 겁을 먹고 있는 아이들을 안정시키고 있었습니다. 다음날 해가 밝아오기만을 기다리며 괜찮아 엄마가 옆에 있으니까 하며 아이들을 안정을 시켰습니다. 저는 너무나 무서워 내 앞에서 어린아이들이 쓰나미로 인해 잃어 버릴까봐 무섭고 두려웠습니다.

다음날 아침 6시에 모든 것이 끝났구나 하고 아이들을 데리고 집밖으로 나왔습니다. 밤새 떨었던 공포보다 더 한 공포감이 밀려왔습니다. 아이들의 아빠와 할아버지가 행방불명이 되었던 것입니다. 마을에서 이틀을 더 보내고 3월14일 헬기를 타고 처음에는 이시노마끼 피난처에 와서 한 달 동안 지내다 4월11일 한국 영사관으로 옮겨 왔습니다. 앞으로 아기를 낳은 다음에 어디로 가야할지 저도 잘 모르겠습니다. 죄송하고 감사를 드립니다.

4월 16일 (오오가베 리리카)홍경임 올림.

저에게 보내왔습니다. 너무나 마음이 아파서 저는 한참 기도하고 울었습니다.

모가미 마을 후꾸시마 피난처
시민들 위한 지지미 행사

모가미 마을에 후꾸시마 주민과 미야기현 주민들이 모여 있는 피난처에 방문하여 모가미 사랑교회 성도들과 함께 성금과 지지미행사 및 여러 물품을 함께 전달하고 정영애 집사님께서 찬양을 부르시면서 복음의 문을 열기 시작했습니다. 대 지진으로 인해 쓰나미가 한 번 지나간 그 후에도 여러 지역 곳곳에서 지진이 자주 일어났다. 하지만 나는 더욱더 기도와 말씀으로 어둠에 깔린 일본 영혼들에게 속히 회개의 열매가 맺어지길 기도하며 오늘도 전심전력을 다하여 달리고 있습니다. 앞으로도 내게 주어진 주님의 지상명령에 순종하며…….

"때를 얻든 못 얻든 말씀을 전파하라고"〈딤후 4:2절〉하신 말씀을 기억하며 귀한 사명을 다할 것을 다짐합니다. 정말 그들이 복음을 듣지 못해서 믿지 못했다고 원망을 한다면 그 핏 값을 찾으시겠다고 하신 주님의 말씀을 두려워하며 영혼과 사랑의 열정으로 이 복음을 전하지 않을 수 없습니다.

"그런즉 그들이 믿지 아니하는 이를 어찌 부르리요. 듣지 못한 이를 어찌 믿으리요. 전파하는 자가 없이 어찌 들으리요. 보내심을 받지 아니하였으면 어찌 전파하리요."〈롬 10:14절〉

주님은 나 같은 죄인을 들어서 도구로 사용하시고 선교사의 직분으로 감당하게 하시니 너무나 주님께 감사할 뿐입니다.

현재 나는 남편의 충만 된 사랑을 받으며 너무나 행복한 생활을 하고 있다. 그리고 지나온 세월 동안 어려운 환경 속에서도 나를 끝까지 믿고 적극적으로 도와준 남편도 목사가 되겠다고 말을 합니다.

또한 은행에서 대출받은 큰 빚도 10년 만에 거의 다 갚았고 집과 토지도 되찾을 수 있게 되었습니다.

몇 번의 재혼과 실패를 거듭한 끝에 지금의 남편을 만나 재혼하고 하나님을 섬긴 후부터 그렇게 나를 구박하시고 내쫓기까지 하셨던 시어머님과 친척 분들도 지금은 예전의 모습이 아닌 나에 대한 생각과 마음이 많이 동요되어 변하셨습니다.

그렇게 가족들이 차츰차츰 나를 이해하고 변화된 덕분에 지금 나는 더욱더 열정적으로 모가미 담임 목사로서 사역을 하고 있으며 선교 집회를 할 수 있게 되었습니다.

나는 지금도 혼자서 독학으로 공부한 일본어를 유창하게 말은 잘 못하지만 그러나 주님의 크신 은혜로 성도 분들에게 일본설교 말씀을 전하는 데는 전혀 무리 없이 하고 있다.

　"우리가 살아도 주를 위하여 살고 죽어도 주를 위하여 죽나니 그러므로 사나 죽으나 우리가 주의 것이로다."〈로마서 14:8〉

　그리고 남편과 나는 일본에서 선교활동에 수고하시는 선교사님들께 텃밭에 야채를 심어서 쌀과 함께 보내드리기도 한다.

　지금 일본도 한국과 마찬가지로 경제침체 속에서 물가는 워낙 비싸다보니 생활하는데 있어서 어려움에 처해있는 많은 선교사님들에게 조금이나마 보탬이 될 수 있도록 도와드리고 있고 또한 앞으로 지속적으로 우리교회에서 세계선교를 도우며 구제하는 그런 교회로 발전되기를 기도드립니다. 800만 우상을 섬기고 있는 일본 국가는 크리스찬이 3%밖에 안 되는 너무 적은 숫자다 .경제적인 문제로 일본의 선교사님들께서 복음 사역이 무너지지 않도록 더욱 기도하며 돕고 싶은 마음뿐입니다. 그리고 단 한 명의 영혼이라도 주님께 돌아오기를 항상 기도하며 오늘도 내일도 열심히 전심전력을 다하며 복음을 전할 것입니다.

　지나온 내 과거는 결코 부끄럽다고 생각하지 않는다. 요컨대 그것은 하나님의 계획안에 있었던 삶의 걸작품이라고 믿고 감사를 드립니다.

또한 제가 많이 배우고, 잘났고, 머리가 좋고, 말을 잘해서 주님 말씀을 전하는 것이 아니다.

"형제들아 너희를 부르심을 보라 육체를 따라 지혜로운 자가 많지 아니하며 능한 자가 많지 아니하며 문벌 좋은 자가 많지 아니하도다 그러나 하나님께서 세상의 미련한 것들을 택하사 지혜 있는 자들을 부끄럽게 하려 하시고 세상의 약한 것들을 택하사 강한 것들을 부끄럽게 하려 하시며 하나님께서 세상에 천한 것들과 멸시 받는 것들과 없는 것들을 택하사 있는 것들을 폐하려 하시나니 이는 아무 육체도 하나님 앞에서 자랑하지 못하게 하려 하심이라."〈고린도전서 1:26-29〉

세상에서 나를 향해 죄인 취급하고 손가락질 하며 천대받고 무시 받는 이 무능한 여인을 끝없이 나를 기다려 주시고 지금까지 저를 인도하신 하나님의 은혜에 감사할 뿐입니다. 나 같은 죄인을 사랑하시고 구원하신 하나님의 한량없는 그 사랑 영원한 생명을 주신것 때문에 죄에서 자유를 얻고 주님의 보혈로 용서받은 그 은혜 어찌 말로 다 갚을 수 있겠습니까? 진심으로 주님께 영광을 돌립니다. 그리고 이 한 몸 죽는 날까지 주님을 위해 이 몸 생명을 아끼지 아니하고 주님께 드리기로 결심했습니다.

하나님을 모르는 일본영혼을 사랑하며 가슴에 꼭 품으며 주님의 참사랑이 예수의 영이 없는 저들에게 빛을 비춰지기를 소망합니다.

"내가 너를 그들에게 보내노니 너는 그들에게 이르기를 주 여호와의 말씀이 이러하시다 하라 그들은 패역한 족속이라 그들이 듣든지 아니 듣든지 그들 가운데에 선지자가 있음을 알지니라 너를 언어가 다르거나 말이 어려운 백성에게 보내는 것이 아니요 이스라엘 족속에게 보내는 것이라 너를 언어가 다르거나 말이 어려워 네가 그들의 말을 알아듣지 못할 나라들에게 보내는 것이 아니니라 내가 너를 그들에게 보냈다면 그들은 정녕 네 말을 들었으리라 그러나 이스라엘 족속은 이마가 굳고 마음이 굳어 네 말을 듣고자 아니하리니 이는 내 말을 듣고자 아니함이니라 보라 내가 그들의 얼굴을 마주보도록 네 얼굴을 굳게 하였고 그들의 이마를 마주보도록 네 이마를 굳게 하였으되 네 이마를 화석보다 굳은 금광석 같이 하였으니 그들이 비록 반역하는 족속이라도 두려워하지 말며 그들의 얼굴을 무서워하지 말라 하시니라." 〈에스겔서 2:4~9〉

도움을 주신 분들

지금까지 50평생 죄 많은 여인이 살아온 모든 삶을 주님께 온전히 돌려 드립니다. 육체적으로 벗고, 정신적으로 벗고, 영적으로 벗고, 하나님께 모든 삶을 벗어 드립니다.

글을 쓸 수 있도록 허락해 주신 사랑하는 남편께 진심으로 감사를 드립니다.

그리고 기도와 사랑으로 도움을 주신 허명호 선교사님께 주님의 이름으로 감사드립니다. 여러분들의 많은 기도와 아낌없는 사랑으로 간증 책을 출판할 수 있도록 도와주신 것은 주님의 은혜이며 주님 나라의 동역자들입니다. 소중한 이 책 한권을 통해 절망 중에 빠져있는 많은 분들에게 전달되기를 소망하며 많은 영혼들이 주님께 돌아오기를 기도하며 모든 영광을 주님께 돌립니다.

책을 마무리 하면서

사실 저는 글을 잘 쓸 줄 모릅니다. 문장력도 없는데다가 글 쓰는 재주는 더더욱 없습니다. 그동안 간증문을 쓰면서 정신적으로 육체적으로 마음적으로 힘들고 고통스러웠습니다. 마치 산모가 아기를 낳는 것 같이 고통스러웠습니다. 이제는 모든 것을 주님께 영광을 돌려지기를 사모하는 마음으로 마무리 하고자 합니다.

그러므로 책을 내는 일은 결코 제 자신을 자랑하기 위함이 아니라는 것을 단호하게 말씀드릴 수 있습니다. 세상에서 오래도록 방황했었기에 부끄러운 과거일 수도 있지만 회심하고 온전히 주님께 돌아오고 또 신앙을 회복한 뒤 지나온 세월을 돌아보면서 나 같은 죄인을 구원하시기 위해 돌아가신 주님의 크신 은혜가 너무도 감사하여 '이제부터라도 복음을 전하며 살아야겠다'는 결심으로 안방에서 개척한 후 5년이 된 살아있는 이야기를 나누고자 함입니다.

척박한 일본 땅에 교회가 세워지기까지 수많은 고난과 역경과 핍박 속에서 하나님의 놀라우신 능력을 힘입어 열심히 '모가미 시골 부락'을 다니면서 복음을 외쳤고, 일본인 깡패부부 집에 찾아가 예배드리고 기도하면서 처음에는 언어가 통하지가 않아 손짓 발짓하며 구원시켰습니다. 그리고 '모가미 교회' 개척 당시에 안방에서 일본인 여성 두 분을 전도하여 예배드리면서부터 그들이 첫 열매가 되어 복음의 문이 열리기 시작했습니다.

구원받은 일본인 남편과 함께 매주 예배를 마치고 역전에서 전도지를 돌리며 복음을 전할 때 직원들에게 쫓겨나기도 했고, 어떤 일본인 할머니 한분은 "더 이상 복음을 듣고 싶지 않다."고 하며 양쪽 귀를 손가락으로 막으며 소리를 지르기도 하였습니다.

도무지 마음의 문을 열지 않으려는 분들이 너무도 많이 있었습니다. 어떤 한국인 교포는 전도하는데 '자신은 구원파 교회를 다니다가 상처받고 지금은 불교로 돌아간 분'이라고 하시며 "교회도 사업이지."라고 하시며 도무지 마음의 문을 열지 않았습니다. "나에게 예수님 이야기를 하지 말라."고 하고 "전도하려거든 다시는 집에 오지 말라."고 말하면서 내 머리를 손바닥으로 치기도 했습니다. 그런 악조건 속에서도 남편은 매주 주일 아침이면 예배시간에 참석을 시키기 위해 신죠시 어느 자매님 집에서 몇 시간씩 문을 두드리며 나올 때까지 기다리다가 자매님을 전도하여 교회로 모셔 오기도 했습니다. 어떤 때는 추운 겨울에 전도하기 위해 남편이 벌벌떨면서 몇 시간씩 문밖에서 기다리다가 전도대상자를 만나면 교회로 데리고 오기도 했습니다. 오늘이 있기까지 말없이 헌신하며 도와준 남편에게도 한없는 감사와 사랑의 마음을 전하는 바입니다.

어떤 자매님을 전도하는데 남편과 집사님과 함께 심방을 하며 예배 드려주고 기도하며 교회로 인도하기도 했습니다.

그 분들 중에는 J집사님의 남편도 계신데 그 분을 전도하여 교회에서 함께 예배를 드리며 계속적으로 전도의 열정을 놓치지 않았습니다. 특별히 J집사님은 정신적으로 몸이 좋지 않았던 분이었는데 끝까지 주님의 사랑으로 위로하며 함께 기도하였더니 병도 고침받고 건강도 회복되고 주님의 은혜와 사랑에 감사하면서 지금까지도 우리 모가미교회의 보배집사님으로 섬기고 계십니다. 시어머님께서 가끔 예배에 참석도 하시고 함께 예배를 드렸지만 역시 주변에 방해하는 문제로 어려움이 있었습니다.

특히 감사한 것은 계속적으로 한국에서, 동경에서, 미국에서, 세계 선교사님들이 농촌에 위치한 '모가미 사랑교회'를 방문하셔서 모가미 지역의 부흥을 위해 전도지를 돌리며 많은 기도와 말씀으로 도와주셨습니다. 지금까지 '모가미 사랑교회'를 방문해 주셨던 많은 분들의 기도가 있었기에 오늘날 우리 '모가미 사랑교회'가 복음의 열매를 맺게 되었고, 또한 교회 건물도 세워진 것입니다. 하나님께는 영광을 돌리고 그동안 헌신하는 마음과 사랑으로 함께 해 주신 모든 분들께는 지면을 통해서나마 감사인사 드립니다.

이제 '모가미 사랑교회'는 지역사회 복음 전도를 위해서 부족한 개척 교회지만 작은 정성으로 성금을 모아 동사무소를 방문하여 연말 불우 이웃 돕기에 동참하기도 했습니다. 모가미 지역에 복음 발전을 위해 피난민 주민들을 위한 행사에 참석하여 물품도 전달하며 직접 몸으로 어려운 곳에 방문하여 눈을 치워주거나 이들과 함께 사회봉사로 동참하는 일도 했습니다. 우리 모가미교회 집사님의 찬양과 함께 말씀으로 사랑으로 나누며 하나님께 영광을 돌렸습니다.

모가미 지역에는 한인교포가 많이 있었는데 지진으로 떠난 사람, 직장을 얻어 동경으로 떠난 사람, 또는 이혼하고 고국으로 돌아간 사람 등 떠나간 사람들이 많습니다. 그래서 지금은 몇 명 안되는 교포들만이 남아있습니다. 개척 경험이 전혀 없던터라 무턱대고 안방에서 시작했지만 열심히 전도했기에, 현재는 비록 소수이긴 하지만 7명이 모여서 예배를 드리고 있습니다.

또 복음을 모르는 일본인 상대로 구원의 열매를 바라보며 희망을 잃지 않고 한걸음씩 다가가서 주님의 사랑을 전하기도 합니다. 이런 산골짝에 무슨 기적이 있겠는가 생각하시는 분도 계실지 모르지만 주님이 하시고자 하는 계획은 반드시 이루실 것입니다. 여호수아와 갈렙같이 긍정적인 믿음을 갖고 믿고 나아간다면 꼭 젖과 꿀이 흐르는 아름다운 복음의 땅이 될 것이라고 믿습니다. 저는 주님의 명령에 순종하고 따르며 입을 크게 벌릴 것입니다.

　역사는 주님이 이루어주실 것입니다. 하나님께서는 일본을 사랑하시고 오늘도 선지자를 통해서 잃어버린 양을 찾으시며 부르고 계시기 때문입니다. "나다니엘이 나사렛에서 무슨 선한 일이 일어날 수 있느냐 빌립이 이르되 와서 보라 하니라."〈요한복음 1:46〉 모가미 마을은 슬픔과 눈물의 골짜기이지만, 아무도 알아주지 않는 분노와 좌절이 있고 억울함과 애통이 넘치는 곳이지만, 복음은 나사렛과 같은 모가미 마을 사랑교회에서부터 시작될 것입니다. 은혜의 장소가 될 것입니다. 문화시설이 갖추어진 화려한 지역은 아니지만 오늘도 눈보라 속에 하나님께서는 약속된 축복받는 아름다운 복음의 선교지가 될 것입니다. 그래서 저는 한 알의 밀알이 되기로 결심하고 이곳에 뼈를 묻히기로 결심하고 나의 달려갈 길 마치는 그 순간까지 섬기는 종으로 살아갈 것입니다.

　그러나 오늘도 주님의 선한 사역을 통해 열매 맺기 원하여 열심히 노력하고 있습니다. 주님의 능력과 권능으로 부족한 여종을 통해서 복음의 사역자로 쓰임 받게 된 것이 모두가 하나님의 은혜임을 자랑하고 싶습니다. 이 지역 주변에서 어떤 사람들은 '한국에서 이상한 여자가 와서 전도한다'고 저보고 '미쳤다'고 비난하지만 사도바울은 "우리가 만일 미쳤어도 하나님을 위한 것이요, 정신이 온전하여도 너희를 위한 것이니."〈고린도후서 6장13절〉라고 말씀하고 계십니다.

언젠가는 하나님께서 모가미 지역을 꼭 기독교 마을로 변화시켜 주실 줄 믿고 기도합니다. 반드시 모가미 지역에 복음의 열매가 맺어질 것을 저는 믿고 기도하고 있습니다.

하나님께서 내게 허락하신 일본 땅을! 내게 주신 영혼들을! 내게 주신 가족을! 더욱 사랑하며 내 생명이 다하는 그 날까지 일본 선교에 전심전력을 다할 것을 마음으로 굳게 다짐합니다. 어떤 면에서 볼 때 지금은 당장 복음의 열매가 눈에 나타나지 않아 안타깝지만 하나님께서 제게 주신 은혜에 감사하며 소돔과 고모라성 같이 패역한 일본 땅을, 특히 모가미 지역에 한 영혼이라도 회개하고 주님께 돌아오기를 기도하며 한 생명이라도 멸망당하지 않기를 원하고 전도하며 고군분투 하는 저의 소원을 들어주실 것을 믿습니다. "내 말과 전도함이 설득력 있는 지혜의 말로 하지 아니하고 다만 성령의 나타나심과 능력으로 하여 너희 믿음이 사람의

지혜에 있지 아니하고 다만 하나님의 능력에 있게 하였느니라."〈고전 2:4-5〉

눈물을 뿌리며 씨를 뿌리는 농부에게는 기쁨으로 단을 거둘 날이 있습니다. "눈물을 흘리며 씨를 뿌리는 자는 기쁨으로 거두리로다 울며 씨를 뿌리러 나가는 자는 반드시 기쁨으로 그 곡식 단을 가지고 돌아오리라."〈시편 126:5-6〉

그 날을 기다리며 꿈과 비전을 가지고 복음의 깃발을 놓지 않을 것을 약속하며 기도로 전진해 나아갈 것입니다. 간증집을 통해서 모가미 지역에 부족한 저로 인하여 오해 소질이 있었던 많은 분들에게 위로가 되어지고 좋은 관계로 회복되어지기를 소망합니다.

이 책을 보시는 모든 목사님들과 그리고 형제자매님들께 기도 부탁드립니다. 부족한 여종이 더욱 복음 사역을 잘 감당하여 많은 영혼들이 주님께로 돌아올 수 있도록…

이 책을 통하여 성부 성자 성령 하나님께서 영광 받으시옵소서.

설립예배당시   안방교회 시작당시

（오오마 목사 예배인도）   （남편과. 시어머님 .성도님 함께 우상 철수하는 모습）

2007 년 3/26~2 8 (모가미 사랑교회 개척설립예배)

(의정부 사랑과 평화의 교회 (강사; 김영복 목사님)

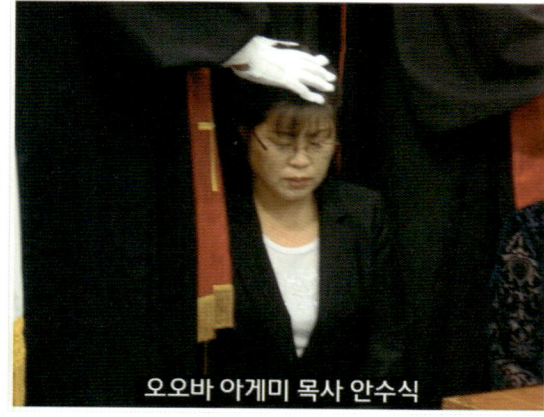

오오바 아게미 목사 안수식

총회장; 육대식 목사 (목사안수식 및 일본선교사 파송)

모가미 사랑교회 세미나집회 강사:김영복 목샤

예배후 점심시간   미야기현 피난소 방문 성금전달

（가이또 요코집사님) 특별찬양   모가미 사랑교회에서   피난소방문 지지미

일본（모가미 사랑교회）담임목사:오오바 아게미）

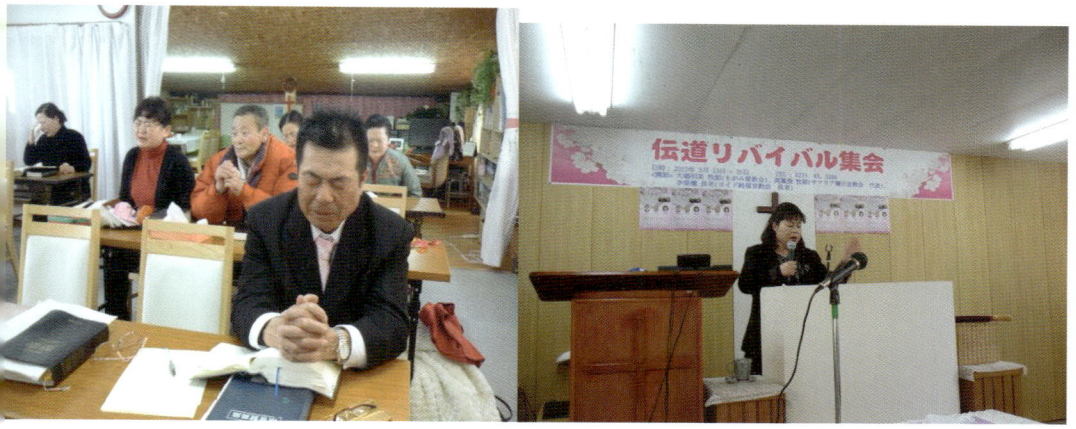

가수 김종찬 목사 초청찬양예배

집회사진

바닷가 모래사장에서 기도하는 남편

남편과 함께

오오바 아게미 선교사 예쁜딸   친정엄마와 함깨 다정한 남편

2009 년 9 월 7 일 모가미 사랑교회 성전헌당예배